오늘도 무해한
순간을 씁니다

**10년간 쌓은 메모,
나와 가족의 이야기**

들어가는 말

'지금 내가 읽고 있는 책, 내가 어울리는 사람, 내가 자주 가는 장소가 나의 미래를 결정한다'라는 말이 인상 깊다. 책을 광적으로 읽는 편은 아니지만 책에 대한 욕심은 있어 동네 책방, 기업에서 운영하는 큰 서점, 온라인 서점 등을 통해 어떤 책이 있는지 둘러보고 사기도 한다. 책을 사 놓으면 언젠가는 꺼내어 제목이라도 읽어볼 기회가 있으니 사지 않는 것 보단 훨씬 마음의 부자에 가까워지겠다고 생각하기도 하고, 또한 책상 위에 책이 있으면 다만 몇 줄이라도 읽어보는 기회가 많을 것은 자명한 사실이다.

책 사는 것을 밥 먹듯이 하고, 읽고, 가까이하고 싶은데 게으른 탓에 그렇지 못한 것이 못내 아쉬움으로 남는다. 책을 가까이하면 윤택한 삶과 풍요로운 미래를 보장받을 수 있다는 진리를 나는 아직도 깨닫지 못하고 있다. 설사 안다고 하더라도 중요 순서에서 뒤로 밀리고 있는 것 같아 스스로에게 미움을 전한다. 하지만, 책장을 넘기는 순간순간마다 뭔가 하나라도 알고 싶어 메모는 해두고 있다. 좋은 습관 아닌가? 책을 접한 후 나의 생각을 적어놓은 것도 있지만 책에 쓰여있는 주옥같은 글귀를 필사하는 것도 많다. 두꺼운 책을 다시 펼쳐보는 부담보다 별도의 노트에 메모해 두었다 들춰보면 읽었던 책의 내용이 새록새록 되살아나는 재미도 쏠쏠할 뿐 아니라 상당히 효율적이다. 이를 위해서 읽은 책 내용 중 다시 보고 싶은 부분을 열심히 적어놓는다. '천재의 기억보다 바보의 메모가 정확하다. 기억하려는 천재보다 메모하려는 바보가 되렵니다'라는 말로 메모의 중요성을 대변하고 싶다.

나 개인을 중심으로 주변에서 일어났거나 벌어지고 있는 소소한 일들을 정리하다 보니 책으로 엮게 되었다. 그러다 보니 상당히 주관적이며 개인적인 일들이 대부분이고 투박하기 이를 데 없다. 또한 전문작가가 아닌 평범한 소시민이 글을 쓰다 보니 뭔가 확 끌어당기는 매력이나 한 방 날리는 호쾌한 문장도 없다. 다만, 거짓 없고 꾸밈없이 한 줄 한 줄 써 내려갔다. 마치 옷을 걸치지 않은 속살을 내보이는 것 같아 쑥스럽기도 하고 자신감도 없다. 이것이 나의 글쓰기 실력이라고 봐도 무방할 것이다. 하지만 같은 시대를 살아가는 사람들이 동질감을 가지고 밝은 쪽을 향해서 함께 가는 모습을 기대하며 썼다.

이 책을 엮으면서 소박한 바람도 하나 생겼다. '관계를 더 돈독히 하자'라는 것이다. 책 내용 중 '123운동'이라는 것이 있다. 하루 한 사람을 만나거나 찾아가고, 두 사람 이상에게 전화하고, 세 사람 이상에게 SNS를 통해 연락하자는 내용이다. 내가 먼저 찾아가 손을 내밀지 않으면 옆집이나 다른 사람들과의 담은 점점 높아져서 영원히 시멘트처럼 굳어버릴 수 있다. 이 얼마나 무서운 일인가? 책을 만들기 위해 가지고 있는 자료들을 들추어 보니 길게는 50년이 훌쩍 넘은 국민학교(현 초등학교) 때의 성적표나 글짓기 대회에 제출했던 빛바랜 자료도 있었다. 아들딸과 주고받았던 꿀이 뚝뚝 떨어지는 달콤하고 순수한 내용의 편지도 있었다. 쑥스럽고 보잘 것없는 내용이지만 아내를 사랑하고 안아주고 싶다는 표현을 써놓은 내용도 찾았다. 4년여 전 홀로되신 아흔다섯 살의 어머니를 기리는 내용도 있고 오랜 직장 생활을 반추해 본 것도 있다. 이런 내용들을 만지작거리다 보니 사람 살아가는 냄새가 물씬 묻어 나는 듯하다.

    그동안 글쓰기를 한다고 아내 이미경 씨와 함께하는 시간이 줄어들었는데 지면을 빌려 미안하고 고맙다는 말을 전한다. 그리고 이 책이 나오기까지 도와주신 모든 분께 인사를 전한다. 글을 쓰다 보니 부득이 실명을 적기도 했는데 일부 연락이 닿지 않아 양해를 구하지 못한 부분은 추후라도 연락이 되면 양해를 구하도록 하겠다. 마지막으로 이 책을 읽는 분들께 한 가지만 부탁과 권유를 함께 드린다. 당신도 오늘부터 메모하라. 메모가 10년 쌓이면 책이 된다. 당장!

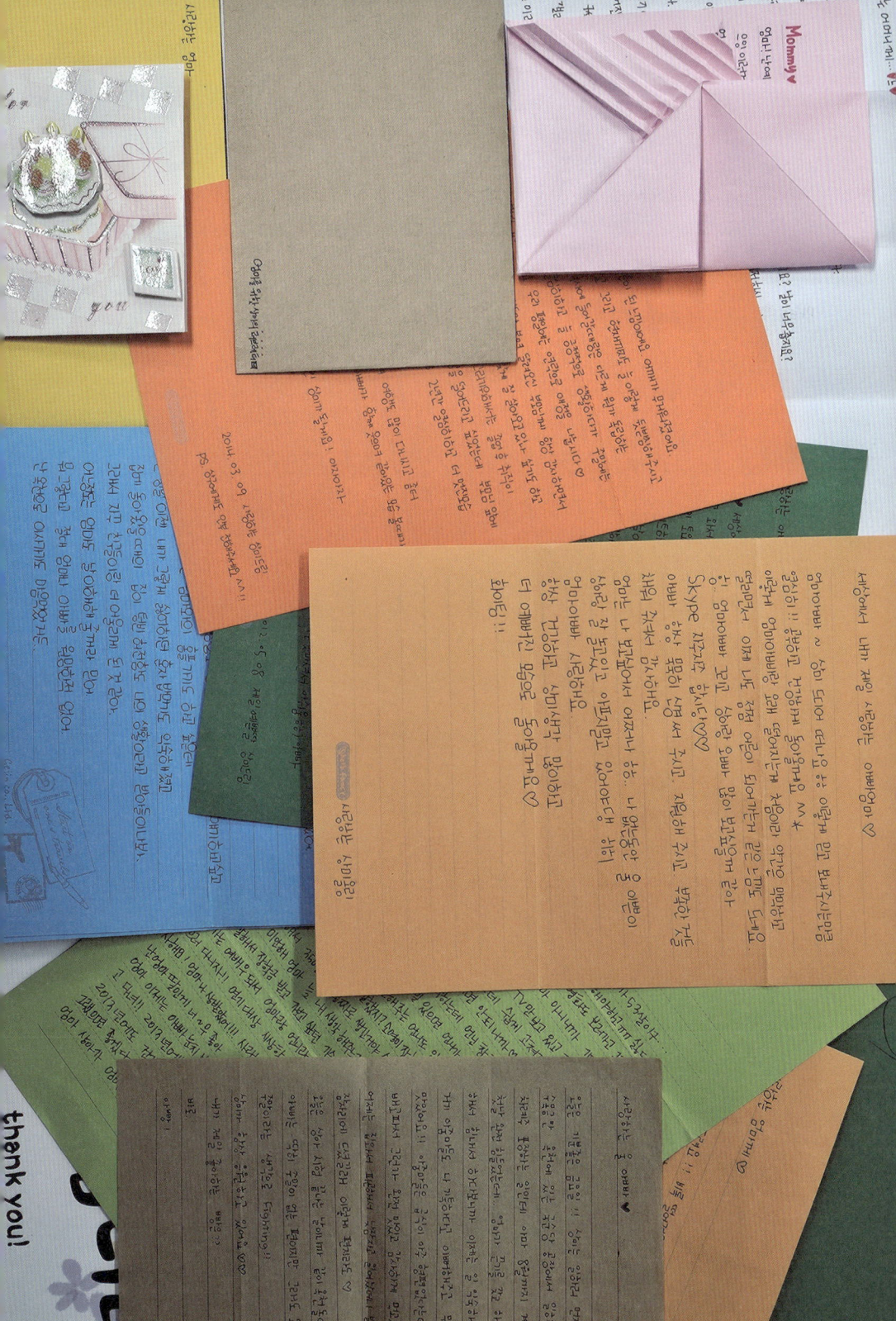

목 차

1장 돌이켜보니

나는 삼성에서 메모하는 습관을 배웠다 ········· 012
무미건조하게 살아가는 반성문 ··············· 014
55년 전 글쓰기 ····························· 018
시집 잘 오셨어요 ···························· 021
된장 할머니 ································ 023
딸 편지(1) ································· 025
한 가족이 되신 것을 축하합니다 ··············· 028
쫓겨날 뻔했다 ······························ 031
결혼식 축사(1) ···························· 033
육 남매 ··································· 035
당호-소요당 ································ 037
동상이몽(同床異夢) ·························· 040
두릅나무 10주 ······························ 042
1981년 연중 목표 ··························· 044
보고 싶은 동생 미영, 도영에게 ················· 046
아들 편지(정상일 일병) ······················ 050
사랑합니다, 평택지점 직원들께 ················ 053
이미경 님 감사합니다 ························ 056
아내에게 감사장을 ··························· 058
아내의 생일, 편지 ··························· 060
내가 아직도 담배를 피운다면 ·················· 062
58년 개띠 ································· 064
문지원(1) ································· 066
막내딸 독립 ································ 068

2장 이리 보고, 저리 생각해보기

거울도 거짓말을 하나 ··· 072
상속포기 동의서 해프닝 ··· 074
아빠의 꼬드김에 넘어간 막내딸, 그러나 ················ 076
열세 번 이사 다니기 ··· 078
아호 ·· 080
막내딸 결혼식 축가(1) ·· 083
평생직장 평생직업 ·· 086
똥인지 된장인지 모르는 아들 ································ 088
나의 운동(1) ··· 090
그 친구 잘 살던데요 ·· 092
봄옷이 헐렁하네 ··· 094
상사 계급장 ··· 096
아버지 별세 1주기 추도문 ····································· 098
남매 ·· 100
동행 복권 ··· 102
올케한테 잘해 ··· 104
며느리 좋네요 ··· 106
목욕탕 갈 때 아내는 자동차 키를 챙긴다 ············ 108
아내의 여행 ··· 110
연말 편지(아내에게) ·· 112
지구를 사랑해요 ··· 114
어려운 결정 ··· 115
바지 뒷주머니 손수건 ·· 117
나의 운동(2) ··· 120
예순다섯의 소회 ··· 122
그도 나를 진정한 친구로 생각할까? ···················· 124

3장 이곳저곳 노닐다

- 입구 산악회 · 130
- 시와 그림 그리고 무용 · 133
- 애인과 짧은 데이트(1) · 135
- 애인과 짧은 데이트(2) · 138
- 애인과 짧은 데이트(3) · 141
- 막내딸 결혼식 축가(2) · 143
- 외가 산소 방문 · 145
- 출렁다리 · 147
- 나는 행복합니다 · 149
- 가산사 · 151
- 계절 모르는 가을 장미 · 154
- 일요일 풍경 · 155
- 작은아들 저녁 사주기 · 157
- 당구 마음대로 안 되네 · 160
- 목욕탕의 어느 부자 · 162
- 어머니 모시고 용암사 참배 · 164
- 어머니께서 예전 같지 않아요 · 166

4장 고맙습니다

- 국가유공자 · 170
- 러브하우스 · 173
- 딸 편지(2) · 176
- 장가 잘 들었다 · 179
- 쌍발 프로펠러 비행기 · 181
- 결혼식 축사(2) · 184
- 망측스러워라 · 187
- 감사드리는 글귀(1981. 1. 16) 일등병 정완영 · 189
- 퇴직 인사 · 195
- 큰딸(상미) 고맙습니다 · 197
- 작은딸(상아) 사랑합니다 · 199
- 조문 답례 인사 · 201

큰외삼촌 80회 생신 축하드립니다 ················· 203
고맙습니다 ················· 206
옥천군청 직원, 현하영 님 고맙습니다 ················· 208
역시 옥천은 따뜻한 정이 흐르네요 ················· 210
감사장 ················· 212
월급 버러지 ················· 214
문지원(2) ················· 216
어느 후배 님의 추석 안부 ················· 218
상일 아빠! 안녕하세요? ················· 220
2017년 장인어른 별세 ················· 222
장모님을 보내드리고 ················· 224

5장 바라고, 소망합니다

어머니 어깨 좀 펴세요 ················· 228
병역명문가 집안 ················· 230
아버지 사진 보면서 대화하기 ················· 232
어머니의 친구 그네 ················· 234
아쉬움과 홀가분함 ················· 237
어머니가 아들보고 동생이라 하시네, 치매이신가? ················· 239
나의 운동(3) ················· 242
빠르게 돌아가는 시곗바늘 ················· 244
봉송(封送) ················· 246
꿈 이야기 ················· 248
올 것이 왔다 ················· 250
가족들에게 보내는 연말 편지 ················· 253
어머니 모시고 2년 ················· 256
무릎팍 도사 ················· 258
나의 형이 되어주실래요? ················· 262
그 사람 술 마실 줄 아나? ················· 264
할아버지 할머니 100번 찾아뵙기 ················· 267
아내의 소박한 꿈 ················· 269
요즈음 행복합니다 ················· 272

1장

돌이켜보니

나는 삼성에서
메모하는 습관을 배웠다

　나는 삼성에서 메모하는 습관을 배웠다. '세 살 버릇 여든까지 간다'라는 속담이 있다. 어려서부터 반복적으로 행동하면 그것이 오래 지속된다는 뜻이다. 주로 못된 버릇을 가지고 있는 사람에게 말하는 내용이기도 하다. 하지만 거꾸로 생각하면 좋은 습관으로 발전시키면 더욱 빛날 것이다. 내가 근무했던 회사는 물론이고 한국에 있는 대부분 기업이 일본 기업을 따라잡기 위해 온갖 노력을 했던 시기가 있다. 물론 세계 각국에서 일어나고 있는 정보를 얻기 위해 온갖 노력을 하는 것은 예나 지금이나 다르지 않지만, 특히 1980~90년에는 더욱 그랬다. 문화와 기후가 비슷한 이웃 나라 일본을 따라잡기 위해 엄청난 투자와 노력이 있었다. 3~40년이 지난 지금은 여러 분야에서 대한민국이 주도적으로 이끌어 가는 상황으로 많이 발전됐다고 생각한다.

　내가 근무했던 회사 회장은 기록 문화와 메모를 강조했다. 자연스럽게 직원들은 메모하는 습관을 몸에 익혔다. 일본 가전양판점을 견학한 적 있다. 그 회사의 현황, 마케팅 전략, 판매비법 등 개황을 소개하며 업무 관련 데이터와 메모를 보여주었다. 아주 사소한 내용이었지만 과할 정도로 꼼꼼하게 기록한 메모를 볼 수 있었다. 그 당시 전산화가 보편화되지 않는 상황이라 많은 부분 필기를 해야 했고 메모에 의존할 수밖에 없었다. 일본에서 본 내용을 우리 회사에 접목해 성과가 있었다고 생각한다. 그때 익힌 메모 습관은 지금까지 남아있다. 시간이 흐르고 지난 메모를 되짚어 보면 당시의 감정이 새록새록 살아나는 것도 즐겁다. 어떤 사람은 기억력을 상실하지 않기 위해 휴대전화에 전화번호를 입력하지 않고 기억에 의존하는 사람도 있다는데, 좋은 방법이라고 생각한다. 나는 지금도 일기장, 포켓용 수첩, 휴대전화 일정표, Evernote앱, Samsung Notes앱 등을 이용해 기록한다. 언젠가 인터넷에서 본 말에 크게 공감한 적 있다.

"천재의 기억보다 바보의 메모가 정확합니다. 기억하려는 천재보다 메모하려는 바보가 되고 싶다."

무미건조하게
살아가는 반성문

　반성문을 작성하는 데 정해진 양식은 없으며, 거짓 없이 사실적으로 적어야 하고, 진정한 반성이 있어야 한다. 학창 시절에야 반성문 써 봤다지만 그 후로는 그런 경우가 없었다. 가끔은 살아온 시간을 되짚어 보며 반성문을 작성해 보는 것도 필요하다고 생각한다. 살아가면서 모든 걸 잘할 수 없다. 잘하는 것을 유지하거나 발전시키기 위해선 시곗바늘을 멈춰두고 과거를 반추해 볼 필요가 있다. 그래야 앞으로 살아갈 지표를 세우거나 궤도를 수정할 수 있지 않을까? 몇 가지를 되돌아본다.

반성1

　여행을 자주 하지 못한 것에 반성한다. 여행은 단순히 관광지를 돌아보는 것을 넘어 가족과의 유대를 돈독히 하고 잊히지 않는 추억을 만들어 준다. 아내와 30여 년을 넘게 살면서 만족할 만한 여행을 해본 적이 없다. 뒤돌아 생각해 보면 꼭 시간적 금전적 여유가 있어야 여행을 할 수 있는 건 아닌듯하다. 설사 여유가 없어도 여행이라는 이름을 빌려 멀지 않은곳으로 자주 밖으로 나가면 그만이지 않았을까? 여행은 가슴 떨릴 때 다녀야지 다리 떨릴 때까지 기다리면 안 된다던 자조 섞인 말도 있던데…. 사랑을 주고, 함께 미래를 설계하며, 휴식과 재충전을 하지 못 한 나 자신을 반성하게 된다.

반성2

다음은 살아가면서 나보다 어려운 이웃을 적극적으로 돌보지 못한 것에 대해 반성한다. 조금만 눈을 돌려 주위를 돌아보면 사회적 약자가 많다. 금전적인 면을 떠나 건강한 내가 할 수 있는, 나의 손길이 필요한 부분이 있을 것이다. 어떤 개인택시를 모는 분의 이야기를 듣고 부끄러웠던 적이 있다. 그는 휠체어를 타고 다니는 교통약자의 어려움을 알기에 그런 분을 모시고 나들이를 다녀왔다고 했다. 이 얼마나 자랑스러운 일인가? 그의 이야기를 듣고 크게 반성했다. 봉사활동은 시간이 남아서 하는 것이 아니고 시간을 내서 하는 것이거늘.

반성3

"침묵과 무관심은 지성인들의 바른 자세가 아니다"(김형석 교수 칼럼 중), "나의 침묵이 불공정한 사회를 만듭니다"(법륜 스님의 희망편지 중)라는 두 분의 말씀을 인용해 본다. 나도 한때 젊은이들이 예의 바르지 못한 언행을 보이면 잘난척하며 지적도 하고 바로 세우려고 호기롭게 행동했다. 내가 어른이라는 자격(?) 하나만으로 공중도덕을 지키지 않는 고교생을 훈계하려다 되레 야단맞기도 했고, 공중장소에서 지나친 애정행각을 하는 젊은이가 눈꼴사나워 점잖게 타이르다 되치기당하기도 했다. 이 광경을 옆에서 지켜본 아내는 '요즘 세상이 너무나도 험하니 다시는 나서지 말라'는 당부와 협박에 나는 꼬리를 내리고 말았다. 그 후론 비슷한 광경이 내 눈앞에 벌어진다 해도 나설 자신이 없다. 이게 맞게 사는 것일까?

반성4

아직 많은 나이는 아니지만 60대 중반을 넘어서다 보니 건강관리에 신경 쓸 나이가 됐다. 부모님께서 주신 하나뿐인 몸뚱이를 험하게 내돌려서야 되겠는가? 신체발부수지부모(身體髮膚受之父母) 불감훼상효지시야(不敢毁傷孝之始也)라고 하지 않았던가? 부모님께서 주신 몸을 함부로 하지 않고 건강하게 관리해 부모님의 걱정을 덜어 드려야겠다. 살아가며 전혀 아프지 않을 순 없지만 나는 이미 맹장 수술과 간염으로 병원 신세를 진 적이 있다. 연로하신 부모님이 계시는데 자식이 병원에 누워 있었다니! 이 또한 반성문을 써야 할 대목인 것 같다.

반성5

내가 먼저 지인들에게 연락하지 못함에 반성한다. 나도 친구들도 나이를 먹으니 극소수를 제외하곤 현직에서 물러나게 됐다. 왕성하게 사회활동을 하고 직장생활 할 때는 길 가다 시간이 되면 근무 중인 친구를 찾아가 근황도 묻고 관심사도 나누었다. 하지만 이제는 현직에서 물러나 일정한 장소에서 근무하지 않으니 그럴 경우가 적다. 점점 연락이 줄다 보니 사이도 점점 멀어져만 가는 듯하다. 얼마나 많은 공을 들여 오랫동안 맺어진 애틋한 인연인데 이렇게 스멀스멀 사라져버려서야 하겠는가? 내가 먼저 지인들에게 연락해 칼국수 한 그릇 하자고도 않으니 나의 휴대폰 벨도 울리지 않는다. 지금이라도 당장 안부 묻고 싶은 사람에게 문자라도 보내봐야겠다. 살면서 되짚어봐야 할 것이 이것 말고도 많이 있겠지만 그래도 이제 몇 가지 반성문을 썼으니 지금부터라도 잘하면 되지 않을까 싶다.

55년 전 글쓰기

지금으로부터 55년 전인 1968년, 나는 국민학교(현 초등학교) 4학년이었다. 오랜 시간을 품을수록 누구에게나 옛 추억이 있기 마련이다. 좋은 일이면 더욱 좋고 어려운 일이면 위로해 주고 보듬음이 필요한 추억들. 아주 오래전 일을 기억하는 것은 한계가 있지만 문서로 남아있기에 거짓은 아닌 게 분명하다.

내가 초등학교 4학년 때 군 교육청에서 글짓기 대회가 있었던 모양이다. 글짓기 대회에 참가해 '내 신'이라는 제목으로 제출한 글이 대덕군 교육청(현 대전광역시 대덕구 교육지원청)에서 특선했다. 특선보다 더 높은 수준의 상이 있었을 수도 있으니, 특선했다는 것이 중요한 것이 아니다. 초등학생이 제출한 자료가 아직까지 보관되어 있다는 것이 중요하다. 지금 글을 읽어보니 유치하고 창피한 수준이다. 초등학교 4학년짜리가 쓴 글이니 수준이니 오죽하겠는가? 잘 쓰고 못 쓰고의 차이는 백지 한 장

차이일 테지만 글의 내용을 굳이 설명할 필요는 없을 것 같다.

　사람에 따라서 지우고 싶은 과거가 있을 것이다. 하지만 과거를 기억하고 좋은 쪽으로 승화시킨다면 없애고 싶은 것만은 아니다. 나는 그런 차원에서 55년 전 만들어졌던 빛바랜 원고와 상장이 귀하게 느껴진다. 등사 잉크를 사용하여 두 장으로 만들어진 원고는 햇빛을 보지 못한 채 55년을 어둠 속에서 있다가 이제야 글을 쓰는 글감으로 활용되고 있으니 얼마나 다행인가? 지금까지 들추어 볼 일 없이 책장 한편에 보관되어 있었다. 어둠 속에서 오늘을 만나기 위해 인고의 시간을 보내느라 얼마나 힘들고 괴로웠을까? 온고지신, '옛것을 익히고 그것을 미루어 새것을 앎'이라는 말이 있다. 작은 것이지만 과거를 들춰보고 앞으로 어떤 방향으로 가야 할지를 가늠하는 지표로 삼는 것이 좋겠다.

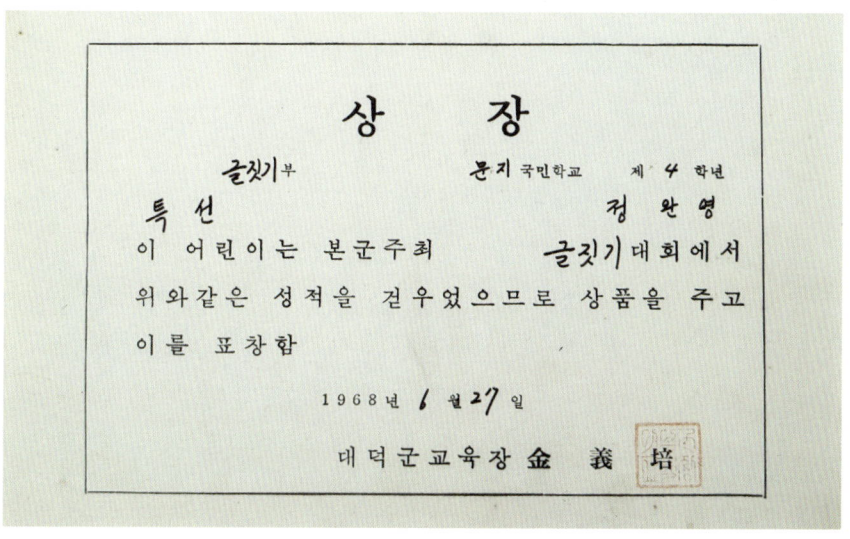

(특선)　　내 신

문지국민학교
제4학년 김완성

내신은 뒷바닥이 닳은 고무신이다. 어느날, 간 시간이 즐겁고 노는 시간이다. 아이들과 우르륵 뛰어나가 신발장 있는 곳으로 갔다. 신발을 집어가지고 출입문 앞에 놓았다. 놓고 보니 내 신발이 아니다. 얼굴이 화끈하게 오른다. 누가 내 신발장에다 놓았을까, 하고 생각하며 들어 갔다. 신발 가지고 온 자리에 신발을 놓고 속을 뒤지면서 신발을 찾아도 신발은 없다. 나는 집에 가서 어머니 아버지에게 꾸중들을 일을 생각하니 마음이 겁으로 답답했다.

안 나오는 말을 우겨들 내서 "경구야 어디있냐" 경구는 내가 있는 신발장 앞으로 왔다. 나는 힘없이 얼굴을 찡그리며 "나 신 들어 버렸는데 신을 찾을 수가 없어" "너 신 찾어 버렸니?" 하고 묻는다. "응" 하고 "찾아 줘래" 하였다. 나는 "경구야 고맙다" 하고 소리쳤다. 나는 4-1 신발장 경규는 4~2 반에서 찾고 있었다. 열심히 찾고 있는데 경규가 "여기 있다" 하는 소리에 걸이 번쩍 뜨인다. "어디 있니" 하며 소리 지르며 경규있는 쪽으로 갔다. 나는 "어디 있니" 하니까 "여기 있어" 하였다. 나는 "어디서 찾았니" 하였다. "요거" 하며 손가락으로 가르킨다.

"고맙다" 또 칭찬하고 가뿐 딜골로 공부를 마치고 집에 돌아와 생각해본다. 누가 내 신을 감췄는가 남의 신을…… 그러나 감춘 사람을 나쁜놈이라고 생각하지는 않았다. 나도 신발을 아무데나 놓거라는 다고 생각해 본다.

시집 잘 오셨어요

사랑 외에 결혼 조건이 있을까? 남녀가 만나 사랑으로 결혼한다. '장가 갔다', '시집왔다' 말은 모두 결혼한다는 이야기로 통한다. 나는 결혼한 지 벌써 35년이 넘었다. 결혼 20년이 됐을 무렵 아내가 지나가는 말로 "내가 듣기 싫어하는 말이 있었어요"라고 했다. 떡 훔쳐먹다 들킨 사람처럼 가슴이 철렁했다. "어떤 말인데?" 눈치를 보면서 조심스럽게 물었다. 아내가 듣기 싫은 말은 "시집 잘 왔다"였다.

아내는 결혼하고 10년이 지났을 무렵 사촌 시동생과 함께 열차를 타고 이동할 일이 있었다. 차 안에서 사촌 시동생이 "형수님 시집 잘 오셨어요"라고 했단다. 사촌 동생은 아마도 형과 형수의 모습이 좋아 보인다는 의미로 말했을 것으로 추측한다. 하지만 아내는 '나도 좋은 집안에서 바르게 자란 사람인데 형만 훌륭한가?'라고 생각해 서운했던 모양이다. 말하는 사람과 듣는 사람이 서로 다르게 이해하면 충분히 오해할 수 있다. 이후 비슷한 상황은 없었지만 속상했던 말은 아내가 40살이 조금 넘었을 때 들었던 것으로 지금은 서로에게 흐릿한 기억이 됐을 것이다.

결혼은 사랑하는 남녀가 만나 서로를 존중하고 신뢰가 싹터야 할 수 있다. 사랑의 무게를 저울로 달아볼 수 없겠지만 천칭에 올려놓았을 때 어느 정도 균형이 맞는 것이 최상이 아닐까 싶다. 약간의 높낮이는 있을 수 있지만 한쪽으로만 기울어지면 상호 간에 흠을 잡게 된다. 결혼 생활 35년이 되니 '시집 잘 왔네' 보다 '장가 잘 갔다'로 표현을 바꾼다고 해도 서운할 것이 하나도 없다. 이런 것을 보고 세월이 약이라고 하는 건가 싶다.

된장 할머니

"80대 노모의 진한 '된장 사랑'
옥천 군북면 대정리 황한순 할머니
된장 100kg 어려운 이웃들에 선물"

　2010년 7월 26일 충북일보에 게재된 신문 기사 제목인데 주인공은 바로 내 어머니 황한순(82세) 여사이다. 친척 집에서 산 메주콩 2가마(140kg)로 직접 된장을 만들어 옥천군청을 통해 100가구에 나누었다는 것이 주된 기사 내용이다. 어머니는 늦은 나이에 남편 정진복(82세) 씨와 함께 시골로 들어와 텃밭 가꾸기, 강아지 기르기, 옆집 일 도와주기 등 소일거리를 하며 생활했다. 이웃과 함께 어울리고 나누는 것을 좋아하시는 두 분이기에 부모님은 더 늦기 전에 이웃을 위해 좋은 일 한번 해보자는 뜻을 늘 가지고 있었다. 부모님은 기자와 인터뷰하면서 "이 나이에 이웃들을 위해 할 수 있는 것이 많지는 않지만, 손으로 하는 음식은 어느 정도 자신이 있다"라며 "건강이 허락하는 날까지 이웃들과 함께하고 싶다"라고 말했다.

어머니는 13년이 지난 지금도 설거지 수세미를 짜서 이웃들에게 나누어 주는 것을 취미로 하신다. 된장 만들기든 직접 만든 수세미를 나누는 일이든 오랫동안 하셨으면 하는 바람이다.

<사진출처: 충북일보>

딸 편지(1)

아빠, 세상에서 젤 예쁜 딸 상미예요.

아빠 오늘 아침에 사랑한다고 말도 못 하고 와서 죄송해요. 그래도 항상 엄마 아빠를 향한 마음은 알죠? 아빠랑 같이 토요일 에어컨 조사하러 나왔을 때 날씨도 너무 좋고, 뭔가 아빠랑 데이트하러 나온 거 같아서 기분이 짱짱 좋았었는데! 혹시 아빠도? ㅎㅎ

오늘은 어버이날이기도 하고 우리 상아 생일이기도 하고 5월 8일은 우리 가족에게 행복한 날인 것 같아요. 그렇죠? 오늘은 우리 가족과 함께 시간 보내요. 아빠는 사업을 시작했고 상미는 대학생이 됐고 약간 핑계지만 서로의 생활에 바빠 대화 시간이 많이 줄어든 것 같아요. 상미가 먼저 아빠한테 예쁜 짓 많이 할게요^^.

그리고 이번 홈스테이가 끝나면 다음 주말부터 주말에 아르바이트 시작하려고요! 아빠한테 너무 손 벌리기 싫고 최대한 제가 할 수 있는 만큼 노력해 보려고요. 대학교 다니면서 교환학생으로 뽑힌다는 건 한 번밖에 없는 행운이라고 생각해요. 또 나 자신이 기특해서 이번 기회를 꼭 잡고 싶거든요. 열심히 할게요. 그리고 아빠 미안해요. 힝... 그리고 사랑해요.

아빠는 오늘 점심은 뭐 드셨어요? 저는 친구랑 냉면 먹었는데 옛날에 아빠랑 냉면 먹을 때 나는 면만 건져 먹는다고 혼났던 것 기억난다. 아빠 상미 이제는 야채도 잘 먹으니까 우리 냉면이랑 돼지갈비 먹으러 가요! 아빠, 항상 제가 존경하는 사람 일등 아빠예요. 정말 다음에 맥주 한잔하면서 더 속 깊은 이야기도 나눠요(화이트데이에 아빠랑 둘이 맥주 못 마셔서 아쉬움).

아빠 늘 감사하고 또 사랑합니다.
2012. 5. 8 제일 예쁜 딸 상미 드림

사랑하는 아빠 ♡

아빠 ♥ 세상에서 젤 예쁜 딸 상미에요 ㅎㅎ 아빠 오늘 아침에 사랑한다고
말도 못하고 와서 죄송해요 ㅠㅠ 그래도 항상 엄마아빠를 향한 상미마음 알죠? ♡
아빠랑 같이 토요일날 에어컨 조사하러 나왔을때 날씨도 너무 좋고. 뭔가
아빠랑 데이트하러 나온거같아서 기분 짱짱 좋았었는데!! 혹시 아빠도? ㅎㅎ
오늘은 어버이날이기도 하고 우리 상아 생일이기도 하고. 5월 8일은 우리가족에게
행복한 날인것같아요 그쵸!! 오늘은 우리가족과 행복한 시간 보내용 ♡♡
아빠가 사업을 시작했고. 상미는 대학생이 됐고. 약간 핑계기는 하지만 서로의
생활에 바빠 대화의 시간이 많이 줄어든것같아요. 상미가 먼저 아빠한테
예쁜짓 많이 할께요 ^^* 그리고 상미 이번 홈스테이 끝나면 다음주부터 주말에
알바시작하려구요!! 아빠한테 너무 손벌리기도 싫구. 최대한 제가 할수있는
만큼 노력해 보려구요. 대학교 다니면서 교환학생으로 뽑힌다는건 한번밖에 없는
행운이라고 생각하고. 또 내 자신이 간절해서 이번기회 꼭 잡고싶거든요.. 열심히
할게요 그리고 아빠미안해요 ㅠㅠ 힝. 그리고 따랑해요 ♡ 아빠는 오늘 점심은
뭐드셨어요? 저는 친구랑 냉면먹었는데 ㅎㅎ 옛날에 아빠랑 냉면 먹을때
나는 면만 건져먹는다고 혼났던거 기억난다 ㅋㅋ 아빠 상미 이제는 야채도 잘
먹으니까 우리 냉면이랑 돼지갈비도 먹으러 가요!! ^^* 아빠, 항상 제가
존경하는 사람 1등은 아빠에요 정말. 다음에 맥주한잔 하면서 더 속깊은
이야기도 나눠요 (화이트데이날 아빠랑 둘이 맥주 못마셔서 아쉬움 ㅎㅎ) 아빠
늘 감사하고 사랑하고 또 사랑합니다

2012.05.08 제일예쁜딸 상미드림

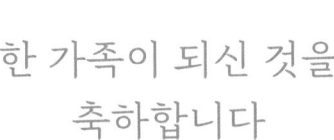

한 가족이 되신 것을 축하합니다

2009년 7월 3일 저녁 식사 약속이 있었다. 그 자리에 현수막 한 장이 붙어 있었다.

"그동안 수고하셨습니다. 이제 한 가족이 되어 기쁩니다."

30년 넘게 다니던 회사를 떠나는 사람에게 수고했다고 인사하는 자리였다. 또한 그 퇴직한 사람이 삼성전자 대리점을 운영할 예정이었는데 기존 대리점을 운영하는 경영주들이 환영하는 자리이기도 했다. 회사를 떠나보내고 맞이하는 자리로 당사자에게 더욱 의미 있을 시간, 그 주인공은 누구였을까? 그 사람은 바로 나였다. 30년 넘도록 다녔던 회사를 뒤로하고 쉴 틈도 없이 이전 회사에서 취급하는 제품을 판매하는 대리점 운영이라니…. 퇴직하고도 다녔던 회사와 관련된 일을 할 수 있다는 것이 얼마나 행복한 일인가?

공무원들은 정년이 보장되어 있다. 물론 사기업도 정년 제도가 있기는 하지만 당시엔 통상적으로 정년까지 근무하는 경우가 드물었다. 정년이 되기 전 자의 반 타의 반으로 회사를 떠나는 경우가 많기 때문이다. 내가 50살이 막 넘었을 무렵 회사에 '비전숍 제도'라는 것이 생겼다. 오랫동안 성실하게 근무 한 직원 중 퇴직 이후 삼성전자 대리점 운영을 희망하는 사람을 선발하는 제도였는데 회사에서 지원하는 규모는 상상 이상이었다. 지금은 명예퇴직이라는 것이 일상화되었지만 그때만 해도 명예퇴직이라는 것이 생소한 시기였다. 물론 젊고 일 잘하는, 소위 잘나가는 직원들은 대상자가 아니었을 것이다. 하지만 사주가 아닌 이상 직원으로 입사해 영원히 근무하는 것은 불가능한 일이니 100여 명이 넘는 부장을 대상으로 사내 메일을 통해 공모했다.

나도 대상자 중 한 사람이었다. 동기들끼리 서로 전화하며 어떻게 할 것인지 상의하며 눈치작전을 펼치다 보니 걱정이 많아졌다. 지금까지 잘 다니던 회사를 그만두고 비전숍이라는 생소한 제도에 덥석 참여한다는 것이 못내 찝찝했다.

정해진 공모 기간이 흐르고 신청자 발표 날, 아뿔싸! 뭔가 잘못된 것 같다. 어제까지만 해도 상의하고 고민하던 사람들이 모두 빠지고 대상자에 나 혼자뿐이었다. 이게 어떻게 된 거지? 잘못되어도 한참 잘못된 것이다.

하지만 비전숍 제도에 참여한다고 손들었으니 이미 건너지 못할 강을 건넌 것이다. 스스로 신청했지만 되돌리고 싶었다. 이런저런 과정으로 퇴직 송별회와 대리점 경영주 환영회를 동시에….

송별회를 마치고 11개월 동안 공무원으로 치면 공로연수제[1]를 만끽했다. 2009년 7월부터 그다음 해 5월까지 그동안 못했던 심신단련과 여행으로 시간을 보냈다. 또한 대리점 부지 매입, 건물 설계 및 건축까지 준비를 마쳤다. 많은 과정을 거쳐 드디어 2010년 5월 오색찬란한 삼성디지털프라자 문이 열렸다. 지금 생각하면 비전숍에 응모한 것이 신의 한 수로 잘한 일이라고 생각한다.

---

[1] 공무원 공로연수제: 정년퇴직을 6개월~1년 남겨둔 공무원에게 사회에 적응할 준비를 할 수 있도록 하자는 취지에서 1993년 도입된 공무원 교육 연수 제도. 연수 기간 중 현업 수당을 제외하고 보수를 전액 지급한다. 중앙정부의 각 부처는 2000년대 중반부터 이 제도를 폐지하고 있지만 지자체에서는 사실상 의무제도로 자리 잡았다. [네이버 지식백과] 공무원공로연수제 (한경 경제용어사전)

쫓겨날 뻔했다

95세인 어머니는 연세에 비해 건강하신 편이다. 고추 모를 사다 마당에 심고, 물걸레를 가지고 방마다 돌아다니며 바닥을 쓸고 닦고, 혼자서 샤워도 하신다. 돋보기를 쓰고 재봉틀로 손수 옷을 수선해 입으시고, 뜨개실을 사다 설거지용 행주도 만들어 선물하신다. 특히 설거지용 행주는 어림잡아 1천 개는 만드셨나 보다. 여기저기 편찮은 곳이 있어 약도 드시고 파스도 붙이지만 5~6평 정도 되는 마당 잔디를 혼자 깎기도 하신다.

어머니가 하는 일을 적나라하게 열거하는 것은 연세에 비해 건강하시다는 것을 객관적으로 표현하기 위함이다. 어머니는 가끔 "내가 아들 못 낳았으면 쫓겨날 뻔했다"고 말씀하신다. 이 말은 어머니가 자주 하는 말 중 하나다. 지금은 시대가 바뀌었지만 내가 태어날 때만 해도 남아선호사상이 있었다. 자식이 없는 것도 아니고 위로 누나가 있었는데도 아들을 원하셨나 보다. 특히 할머니는 노골적으로 아들 타령을 하셨는데 내가 태어나자 '드디어 장손이 태어났다'며 집안이 떠들썩했다. 할아버지는 내가 4살이 되기 전까지 오줌도 못 가리는 나를 업고 동네 이웃에게 손자 자랑을 하고 다니셨다. 하지만 나는 이런 기억이 전혀 없다. 오로지 어머니께서 전해주시는 말씀으로만 알고 있을 뿐이다. 그럴 리 없겠지만 아들이 태어나지 않았다면 어머니는 정말 쫓겨나셨을까? 지금이야 시간이 흘러 옛이야기일 뿐이지만 그 당시만 해도 어머니로서 심각했으리라 짐작된다. 어머니가 하늘에 계신 아버지 곁으로 가시기 전까지는 '쫓겨날 뻔했다'라는 말씀은 멈추지 않을 것 같다.

가끔 어머니께 말씀드린다. "제가 태어나지 않아 쫓겨났다면 어떻게 되셨을까요?"라고 여쭈면 웃으시면서 "글쎄"라고 답하신다. '글쎄'의 의미는 무엇일까 생각하며 4남매가 어머니를 잘 지켜드려야겠다고 다짐한다.

결혼식 축사(1)

신부 아빠 정완영입니다.

원근 각지에서 귀한 시간 내서 오신 하객, 친지 여러분께 깊은 감사 말씀을 드립니다. 제가 이 세상에서 딸 상아를 가장 많이 알고, 가장 아끼고 사랑하는 사람이라고 생각했습니다. 그런데 어느 날 제가 아니라는 것을 알게 되었습니다. 그럼, 누구냐? 그 사람은 바로 앞에 서 있는 홍조 군 이었습니다. 사귀는 사람이 있다고 해서 만나 한 가지 물어보았습니다. "10년, 20년 후에 어떤 모습으로 살아갈 것인가?"였습니다. 미리 준비라도 한 듯 확신에 찬 대답을 했습니다. 미래를 생각하는 홍조 군에게 후한 점수를 주었습니다. 옳거니 잘 되었다고 생각하고 결혼을 흔쾌히 승낙하였습니다. 이제 두 사람은 부부가 되었습니다. 두 사람은 세상에서 가장 멋진 인생을 살 것을 기대하고 그럴 권리가 있습니다. 아니, 분명 그럴 것이라고 믿어 의심치 않습니다.

어느 병원 로비에 걸려있는 글을 소개합니다. "개에게 물려 다친 사람은 반나절 만에 치료를 마쳤습니다. 뱀에게 물려 다친 사람은 3일 만에 치료를 마치고 돌아갔습니다. 그러나 사람의 말로 인해 다친 사람은 아직도 입원 중입니다"라는 글입니다. 두 사람은 평생을 살아가면서 서로 하는 말로 인해 다치지 않도록 '말의 지혜'에 대해 유념하기를 바랍니다. 다시 한번 찾아주신 모든 분께 감사 인사드리며, 특히 부족한 저의 딸 상아를 며느리로 맞아주신 사돈 내외분께 정말로 감사 인사를 드립니다. 감사합니다.

위 내용은 2023년 4월 결혼한 막내딸 상아의 결혼식에서 내가 한 축사다. 하고 싶은 이야기는 많았지만, 하객에게 특별하지 않은 이야기라고 생각돼 가급적 짧게 했다. 하지만 위 내용도 듣는 사람 처지에서는 지루했을지 모르겠다. 짧은 연설의 일화가 있다. 영국의 처칠 수상은 대학교 졸업식 축사로 짧은 연설을 했다. "Never Give Up!" 정말 짧다. 짧지만 시대적으로 깊은 의미가 있는 명연설인 것 같다.

육 남매

첫 단어를 무엇으로 시작할까? 이 이야기를 세상에 꺼내야 하나? 아무에게도 알리고 싶지 않은 자존심이 걸린 속사정이 있을 것이다. 나에게도 그런 사정이 있다. 어머니는 아버지가 '별말도 없이' 돌아가셨다며 서운해하신다. 언젠가 어머니도 하늘에 계신 아버지 곁으로 가실 것이다. 세상을 떠나시기 전 어머니도 말 못 할 사정이 있을지도 모른다는 생각에 어머니께 조심스럽게 여쭈었다. 어머니는 남매에 관한 이야기를 하셨다. 지금은 세상에 없는 남매 이야기에 나는 호기심이 일었다. 나보다 열 살 이상 많은 형이 있었고 두세 살 아래 여동생이 있었는데 태어난 지 얼마 되지 않아 사망했다는 사실을 알게 됐다. 어머니는 70년 지난 옛일에 초연하게 말씀하셨지만, 나에게는 상당한 충격이었다. 과거 의료시설은 지금보다 매우 열악해 태어나고 사망하는 경우가 많았다고 들었지만 나와는 무관한 이야기인 줄 알았다. 여러 날 고민했다. 혼자 이 사실을 감당하기에는 너무 무거웠다. 고민 끝에 누나에게 조심스럽게 이야기를 건넸더니 누나는 이미 알고 있었다. 나보다 9살 많은 누나보다도 먼저 태어난 나의 형이 있었단다. 그리고 누나가 10살쯤 됐을 때 나보다 2~3살 아래 여동생이 있었다는 사실을 알게 된 것이다. 이를 어쩌나? 진혼제를 지내기로 했다. 간소하지만 마음을 담은 진혼제를 누나와 함께 지내고 나니 마음이 한결 가벼워졌다. 어머니는 모두 육 남매를 낳으셨다. 현재 누나를 포함해 네 남매가 우애 있게 잘 지내고 있지만 진혼제를 지냈다는 내용은 나와 누나만 알고 있다.

당호-소요당

소요당[逍(노닐 소), 遙(멀 요), 堂(집 당): 어떤 목적을 가지지 않고 자유롭게 여유를 가지고 즐긴다는 의미의 당호]은 부모님이 사시던 집의 이름이다. 아버지가 대전광역시 유성구 도심지에 사시다 여유로운 노년의 삶을 위해 어머니와 함께 충북 옥천군에 있는 30여 호 되는 한적한 마을로 이사하셨다. 이사한 곳은 대전에서 시내버스가 하루 10회 정도 왕복하는 아주 외진 곳에 있었다. 아버지 친구 중 서예를 하시는 분이 계셨는데 이사 후에 당호를 써 주셨고 직접 집에 오셔서 대문에 붙여 주셨다.

아버지는 68세까지 현역에서 일을 하셨다. 가족들의 생계는 물론 지역에서 참여할 수 있는 봉사활동에 열심히 참여하셨다. 은퇴하기 전까지 바쁜 일정 속에서 나름대로 즐거움을 찾으신 듯하다. 자의든 타의든 평생을 일과 함께 살아오신 분이다. 이후 여유를 가지고 조상님의 산소를 가꾸면서 노년을 즐기셨다. 평소 부지런한 성격으로 집 앞 작은 밭을 사서 내외분은 물론 자식들이 먹을 수 있는 먹거리를 키우셨다. 상추, 고추, 고구마, 감자, 대파, 땅콩, 오이, 완두콩, 호박, 두릅…. 모두 열거할 수 없을 정도로 많은 먹거리를 계절별로 재배하셨다. 덕분에 나를 포함한 누나, 동생들은 부모님 댁을 다녀갈 때마다 먹거리를 자루 가득 담아 가져가곤 했다. 평생 바쁘게 사시고 이제는 소요당에서 여유 있게 사서야 하는데 요즘도 바쁘게 사시는 것 같다. 자식 된 도리로서 이제는 편히 쉬셨으면 하는 바람이다. 하지만 평생을 근검절약하며 부지런히 살아오신 것이 몸에 배어있어 여유 있는 삶을 살지 못하시는 것 같아 안타까울 때가 있다. 아버지 친구분이 당호를 소요당으로 지어주실 때는 나름대로 많은 고민의 하셨을 것이다. 아버지의 평소 성격은 물론 생활 습관도 당호를 결정하는 요인 중의 하나였을 것이다.

여유 있게 사시라고 당호를 지었는데 아직도 여유를 갖지 못하시는 부모님은 언제 여유 있게 사실까요? 몇 년 전 하늘나라로 가신 아버지, 이제는 편히 쉬시겠지요? 소요당이라는 당호 뜻처럼.

동상이몽(同床異夢)

　대전 동구(과거 충남 대덕군)에서 태어난 나는 고등학교 진학 전까지 아버지 사업과 향학열을 따라 몇 군데 이사했다. 중학교에 진학할 때는 소위 뺑뺑이라는 제도에 따라 진학할 학교가 이미 정해져 있었다. 고등학교에 진학할 시기에는 고교 평준화라는 제도로 실업계 고등학교에 갈 학생들은 인문계 고등학교 진학 예정자들보다 먼저 입학시험을 치러야 했다. 나는 여러 가지 사정으로 인해 실업계 고등학교에 진학하기로 했다. 최종 결정전까지 실업계 고등학교에 진학할 것인지에 대해 아버지와 상당히 줄다리기했던 것으로 기억한다. 아버지는 인문계 고등학교에 진학하는 것을 권하셨다. 하지만 나는 장남이라서 그랬는지 어린 나이임에도 불구하고 넉넉하지 못한 가정 형편으로 인문계 고등학교를 졸업 후 대학교 학비까지 걱정했다. 또 둘이나 되는 동생들의 진학도 걱정이 됐다. 지금 생각하면 나이에 걸맞지 않게 고민이 많았나 싶다. 결론적으로 상업고등학교 입학시험을 봤다. 중학교 다닐 때 전교 1~2등은 아니었어도 반장을 했고 전교 회장까지 했었다. 합격자 발표날 아버지와 함께 학교로 갔는데 아버지와 내가 서 있는 위치가 달랐다. 아버지는 혹시나 아들이 장학생으로 선발이 되진 않았는지 기대하시며 장학생 명단에서 아들 이름을 찾고 계셨고 나는 단지 합격 여부를 확인하고 있었으니, 동상이몽이 아닐 수 없었다. 성적 장학생으로 입학할 정도의 실력은 아니었지만, 중학교 성적을 고려하면 그렇게 처진 등수는 아니었다. 아버지의 희망과 아들의 현실은 거리를 잴 수 없을 만큼 많은 괴리감이 있었다. 그때를 생각하면 돌아가신 아버지께 지금도 죄송한 마음이다. 그때 공부를 더 열심히 해서 아버지가 원하셨던 성적 장학생으로 입학했어야 했는데…. 그랬다면 아버지가 잔치하셨을지도 모르는데….

두릅나무 10주

　밭둑에서 어른 키만큼 자란 두릅나무 덕분에 봄철이면 밥상에 올려 계절의 별미를 맛볼 수 있었다. 잘 데쳐 먹으면 특유의 향긋함이 입안에서 맴돌고, 적당히 데친 두릅은 아삭하고 쌉쌀한 맛도 느낄 수 있다. 다양한 맛을 느낄 수 있는 두릅은 몇 해 전까지 잘 먹었다. 어느 해인가 장맛비로 밭둑까지 물이 찼던 적이 있다. 이듬해 두릅나무 모두 죽고 말았다. 얼마나 아깝던지 미련이 많이 남았다. 얼마 전 친구에게 두릅나무 10주를 얻어 밭둑에 다시 심었다. 구덩이를 깊이 파 곱게 심고 물을 흠뻑 줬다. 100m 떨어진 곳에서 양동이 두 개로 물을 두 번 길어다 줬다. '내년 봄이면 다시 두릅 맛을 볼 수 있겠지?' 설레는 마음으로.

　다음 날 평소와 같이 출근 준비를 하는데 이상하게 허리가 뻐근하고 불편했다. '잠을 잘못 잤나?' 생각했지만 그런 것 같지 않다. 불편한 허리를 이끌고 하루 종일 근무하고 퇴근할 무렵 불편한 원인을 알게 됐다. 두릅나무를 심기 위해 10개 구덩이를 파고 양동이 두 개로 물을 길어다 준 후 폭풍이 몸에 남은 것이다. 하루 1만 보 이상 걷지만, 평소 다른 근육을 쓸 일이 없다 보니 근육통이 온 모양이다. 불편한 허리로 여러 가지 생각을 하게 된다. 농부와 육체노동을 생각 안 할 수 없다. 얼마 전 아내가 시장에서 찬거리를 사다가 음식 준비를 하면서 물가가 비싸졌다는 이야기에 그러려니 했지만, 두릅나무를 심고 보니 농산물이 비싸다고 툴툴거릴 일이 아님을 알게 됐다. 땀과 정성이 들어간 농산물을 비싸다고만 할 수 없을 듯하다.

한의원에 가서 침을 맞고 약도 먹었다. 아내가 허리 아픈 나를 보고 "두릅나무 10주 심고 한의원에 다니니 큰일 하시겠네요"라고 놀리는 말에 든 생각, 바로 괜찮아지겠지?

1981년 연중 목표

　작심삼일(作心三日), 단단히 먹은 마음이 사흘을 가지 못한다는 뜻으로 굳지 못한 결심을 나타내는 말이다. 새해같이 무언가 새롭게 바뀌는 시기가 되면 대부분 목표를 세우고 달성하기 위해 각오를 다짐한다. 나는 1981년 군 생활을 하고 있었다. 그때 처음으로 일기를 썼는데 그게 벌써 40년 전 일이다. 군인이기에 강제적으로 일기를 쓰게 했던 것인지 아니면 자발적으로 쓴 것인지 기억나지 않는다. 하지만 군 생활을 마치고 일기를 쓰지 않았다. 2010년이 돼서야 일기를 다시 쓰게 됐으니 꾸준히 쓴 지 14년밖에 되지 않은 셈이다. 이제는 일기를 건너 뛰면 배가 고플 정도로 습관이 됐다.

　1981년 처음으로 쓴 일기를 읽었다. '81년도 나의 목표'라는 제목으로 군인으로 꼭 해야 할 다섯 가지가 적혀있다. 새해 첫날에 작성한 것이라 그런지 글씨도 깨끗하게 또박또박 써 놓았다. 1981년 마지막 날에는 목표를 달성했는지에 대한 내용은 없었으나 작심삼일이 되지 않도록 노력했을 것이라고 스스로 위로한다. 지금은 매일 일기를 쓰며 하루를 반성하고 내일을 계획할 수 있어 좋다. 계속 다이어리를 쓰고 있는데 과거에 쓴 내용을 찾을 때 기억으로 찾아야 하는 어려움이 있다. 이를 보완하기 위해 컴퓨터로 일기 쓰기를 해볼 작정이다.

81년도 나의 목표

※ 나는 항상 매사에 **최선**을 다한다 ※

첫째 : 군인의 신분을 망각하지 않는다.
둘째 : 대통령경호에 추호의 헛점도 없도록한다.
셋째 : 상명하복, 상경하애의 정신을 갖는다.
넷째 : 선봉제대 달성에 노력을 아끼지 않는다.
다섯째 : 명랑한 군대생활 영위에 힘쓴다.

보고 싶은 동생
미영, 도영에게

   어저께는 화창한 봄 날씨를 시샘이라도 하듯 비가 내리더구나. 따스한 봄 날씨가 사람의 마음을 움켜쥐고 나태하게 만든다. 이럴 때일수록 정신을 바싹 차리고 맡은 바 임무에 열중하리라 생각된다. 며칠 전 너희의 면회는 정말로 반가웠단다. 생각 같아서는 함께 밖의 세상을 구경하고 싶었지만, 군인 신분이라 어쩔 수 없었다. 아마 이 마음은 너희가 충분히 이해하리라 믿는다.

   집에 잘 도착했는지 궁금하구나. 그동안 부모님 안녕하신지, 너희들도 잘 있는지 궁금하다. 면회를 다녀간 후에 걱정이 되더구나. 잘 도착했으면 연락이나 해줄 것이지 아무 연락도 없구나. 무소식이 희소식이라는데 그 말을 믿는다. 요즘 집안 사정이 어떤지 궁금하구나. 물론 모두 편안하겠지. 나도 너희가 면회를 왔을 때 보았듯 건강하게 군무에 충실히 하고 있다. 군에 와 있는 나로서는 무엇보다 건강이 제

일이라고 생각된다. 다행히도 우리 집안에는 아픈 사람이 없어서 천만다행이다. 특히 건강도 좋고 일도 수월히 할 수 있고 땅도 사고 집안의 일이 잘 풀리고 있다. 이 중요한 시점에 우리 세 남매가 더욱 뭉쳐서 부모님께 한 점 부끄러움 없는 사람이 되자꾸나. 입대한 후로 집에 가지 못해 죄송함이 앞선다. 그러나 어쩔 수 없는 상황이니 아예 생각을 접어두기로 했단다.

아, 도영아 우리 힘을 합쳐 열심히 살아보자. 미영이는 직장생활에 충실하고 도영이는 학교 공부 열심히 해서 원하는 대학에 꼭 입학하는 영광을 안고 나는 원만히 군 생활을 마치고 돌아갔으면 좋겠다. 모두 노력하자. 시간이 날아간다. 아주 저 멀리. 날이 밝구나. 우리도 이런 마음으로 생활 하자구나. 지나간 시간을 하나도 빠짐없이 그릇에 주워 담기보다는 미래의 시간을 활용할 줄 알아보는 것이 더욱 현명하리라.

밤이 늦은 상황근무 시간이다. 너희와 만날 수 있는 날을 위해 열심히 생활한다. 만날 수 있는 날을 기다리면서 부모님 모시고 잘들 있거라. 나는 이만 들어가 자련다.

1981. 4. 18 서울에서 완영이가

이 편지는 1981년 4월에 작성한 것으로 벌써 40년이 지났다. 봄비가 내리는 4월 동생들이 군 생활하는 나를 위해 면회를 다녀간 후 집에 잘 도착했는지 안부를 묻는 내용으로 시작한다. 아버지께서 땅을 사는 등 집안일이 잘 풀린다는 내용과 동생들의 직장생활, 학교 공부 잘하라는 진부한 당부도 담겨있다. 마무리로 삼 남매가 각자 열심히 살아서 부모님 걱정 끼쳐드리지 말자는 내용이다. 지금 꺼내서 다시 읽어보니 앞뒤 문맥도 맞지 않고 내용도 엉성하기 이를 데 없다. 40년 전 컴퓨터가 많이 보급되지 않은 시절이다 보니 타자 실력이 어설퍼 오자가 많다. 그래도 집안의 맏이로서 동생들에게 전달하고 싶은 말의 줄기는 찾을 수 있어 다행이다. 40년 전 엉성한 편지에 웃음이 난다.

보고싶은 동생 미영 도영에게
어저께는 화창한 봄 날씨를 시샘이라도 하는듯 비가 내리더구나.
따스한 봄 날씨가 사람의 마음을 움켜쥐고 나태하게 만드는구나.
이럴때일수록 정신을 바싹 차리고 맡은바 임무에 열중해야 하리라
생각 되는구나. 며칠전 너희들의 면회는 정말로 반가웠단다.
생각 같아서는 너희들과 함께 밖의 세상을 구경하고 싶었지마는
군인의 신분이라서 어쩔수 없었단다. 아마도 나의 마음은 너희들이 충분히
충분히 이해하리라 믿는다. 집에 잘 도착했는지 궁금하구나.
그동안 부모님 안녕하신지 궁금하구나. 또 너희들도 잘 있는지?
면회를 다녀간후에 걱정이 되더구나. 잘 도착 했으면 연락이나 해
줬겠지 아무 연락도 없구나. 무소식이 희소식이라 믿는다.

요즈음 집안 사정이 어떤지 궁금하구나. 물론 모두들 편안하겠지.
나도 너희들이 면회 왔을때 보았듯이 건강하게 군무에 충실하고 있다.
군에 와있는 나로서는 무엇보다 건강이 제일이라 생각된다.
다행히도 우리 집안에서는 아픈 사람이 없어서 천만 다행이다.
특히 건강도 좋고 일도 수월히 할수있고 땅도 사고 집안의 일이 잘
풀리고 있다. 이 중요한 시점에서 우리 세 남매는 더욱 뭉쳐서
부모님께 한점 부끄러움이 없는 사람들이 되자꾸나. 내가 입대한후로
집에 가지를 못해 어쩔수 없는 죄송함이 앞선다. 그러나 어쩔수 없는
실정이므로 아예 생각을 접어두기로 했단다.
미영아 도영아. 우리 힘을 합쳐서 열심히 살아 보자꾸나.
미영이는 직장생활에 충실하고 도영이는 학교공부를 열심히 해서
원하는 대학에 꼭 입학하는 영광을 안고 또 나는 원만히 군 생활을
마치고 돌아 갔으면 좋겠다. 서로들 노력하자꾸나.
 시간이 날아간다. 아주 재빨리.
날이 맑구나. 우리들도 이런마음으로 생활하자꾸나. 지나간 시간을
하나도 빠짐없이 그릇에 주어 담기보다는 미래의 시간을 활용할줄
알아두는것이 더욱 현명하리라.
밤이 늦은 생각 근무 시간이구나. 너희들과 만날수있는 그 어떤가의
날을 위해서 열심히 생활하자꾸나. 만날수있는 날을 기다리면서
부모님 모시고 잘들 있거라. 나는 이만 들어가서 잘란다.

 1981. 4. 18
 서울에서 완영이가

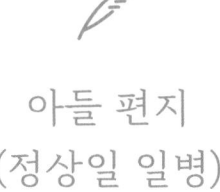

아들 편지
(정상일 일병)

정상일 일병!

지난번까지는 이병이라고 호칭했었는데, 이제는 어엿한 일병이 되었구나. 전화상으로는 축하하였지만, 편지로는 처음이구나. 예년 같으면 3월이면 성급한 사람들은 반팔을 입고 다닐 정도로 날씨가 포근했는데 올해는 어찌 된 일인지 비도 눈도 많이 오고 거기에 황사까지, 그리고 날씨는 왜 이리도 쌀쌀한지…. 뉴스에 의하면 강원도 지역은 아직도 눈이 오는 모양인데 아들이 눈 치우느라 고생이 조금 되겠구나. 그렇지만 눈 치우는 시간에도 시계는 돌아가고 있고 눈 치우는 활동함으로써 운동도 되고 하니 헬스장에 다닌다고 생각하거라. 이런 이상 기온, 날씨로 인해 아빠가 진행하고 있는 건축 일이 다소 차질이 발생하고 있단다. 예상대로라면 벌써 내부 실내장식 작업하고 있어야 할 상황인데…. 내일부터 H 빔을 세우는 작업을 하면 4월 20일 전후해서 제품 진열이 시작될 것으로 예상된단다. 이제 막 시작해 준비하는 단계지만 아들이 없으니까 의지할 곳이 없어 허전하구나. 지난번 인터넷을 통해 보내준 판매에 대한 아이디어는 잘 받았다. 그 내용을 가지고 작은 아빠와 잠깐 상의를 한 일이 있었는데 아들의 아이디어라고 했더니 작은 아빠도 잘했다고 칭찬하더구나. 생활하면서 아빠 회사의 운영에 관해 작든 크든 어떠한 것이라도 생각난다면 꼭 알려주기를 바란다. 타산지석이라고 하는 사자성어가 있는데 '남에게는 필요 없는 하찮은 것이라도 내가 잘 관리하면 유용하게 쓸 수 있다'라는 말로, 여러 가지 아이디어를 가지고 고민하다 보면 좋은 결과가 있으리라 생각이 드는구나. 군대 생활을 잘하는 방법도 고민해 보기를 바란다. 어차피 주어진 2년이라는 짧지 않은 시간을 어떻게 보내는가가 인생에 있어서 중요한 분기점이 될 수 있다는 생각이 든다.

꼭 학문적인 공부를 하라는 이야기는 아니다. 인생을 공부하는 방법도 여러 가지가 있을 것이다. 대인관계를 넓혀 향후 재산으로 삼는 것도 좋은 군대 생활의 한 가지라고 생각이 든다. 동료나 선후배 중에서도 괜찮은 사람들이 많이 있을 것이다. 어떻게 그 사람들을 내 사람으로 만드는가가 관건이다. 이제 머지않아 4월이다. 몸도 마음도 크고 건강한 생활을 하기를 바란다. 아빠가 회사에서 퇴직하고 또 다른 회사(주식회사 삼성전자 옥천점)를 설립하여 희망찬 제2의 인생을 시작하는 날이 머지않았구나. 군 생활 잘하는 방법 알지? 상사에게 짜웅을 많이 하고(?) 후배에게는 사랑을….

2010년 3월 28일 아들을 사랑하는 아빠가

오래전 군대에 가 있는 아들에게 보낸 편지이다. 10년이 훌쩍 지난 지금 다시 읽어보니 물가에 내놓은 아이에게 이르는 말인 것 같아서 실소를 금치 못하겠다. 대학교를 휴학한 머리 큰 아들이 군대에 가 있으면 연애하라든지 이런 말을 해야 하는데 꼰대 같은 말만 하고 있으니 얼마나 고리타분한 아빠라고 생각했을까? 아들이 이 편지를 받아보고 만약 동료들에게 공유가 되었다면 인기 없는 아빠 편지 1순위가 되었을 것 같다.

사랑합니다,
평택지점 직원들께

"사랑합니다."

왠지 모르게 쑥스럽고 어색하기만 한 말인지 모르겠으나 아무 조건 없이 순수하게 생각한다면 한없이 좋은 말이라고 생각합니다. 나이가 많든 적든, 지위가 높든 낮든, 남자이건 여자이건, 돈이 많건 적든 간에 서로서로 모르는 상황에서 서로를 만나서 사랑하고 있습니다. 조그만 일에도 기뻐하고 즐거워하고 감동하고 있습니다. 이 얼마나 사랑스러운 일입니까?

임오년(壬午年) 새 아침이 밝았습니다. 모두 각자의 대단한 각오와 굳은 다짐을 했으리라 믿습니다. 그 각오와 다짐이 크든 작든지 간에 앞을 내다보고 새로운 계획을 세운다는 그 자체가 중요하다고 생각합니다. 이것이야말로 짐승과 인간이 다른 면일 것입니다.

우리는 업무를 중심으로 평택에서 만나 함께 일하고 있습니다. 조그만 조직일수록 더 정겹고, 사랑하며 지낼 수 있다고 생각합니다. 서로 간에 조그만 흠이 있다고 하더라도 서로를 사랑으로 덮어주고 끌어안고 서로를 위하고 격려하며 지내도록 함이 좋겠습니다.

강봉식 님, 김병렬 님, 김재훈 님, 박민규 님, 안숙현 님, 윤명준 님 내가 좋아하고 사랑하는 동료분들입니다. 사랑합니다. 우리는 이왕에 만나서 일하는 바에 정이 철철 넘치고 서로를 뜨겁게 사랑하는 마음을 가지며 재미있게 일하시지요.

새해에 계획했던 모든 일들이 성취되는 한 해가 되고 가족의 건강을 기원하며 늘 행운이 함께 하기를 기원합니다.

2001년 12월 31일 정완영 드림

22년여 전에 같은 부서에 근무하는 동료들에게 연말을 맞이하여 보냈던 편지다. 지금 생각해도 내가 조직문화나 호칭 등에 대해 상당히 앞서 갔던 것 같다. 두 가지가 예를 들어본다. 첫째는 이름을 적는 순서가 직급 순서가 아니라 남녀 직원 통틀어 가나다순으로 정했다는 것이다. 그 당시만 해도 서열 문화가 강했고 조직에 대한 충성심과 상사에 대한 반듯한 예의가 있었던 시기이다(물론 지금 조직문화와 상사에 대한 예의가 없다는 것은 아니다). 부장, 차장, 과장, 대리, 사원 등 직위 순으로 이름을 나열하는 것이 보통이었는데 감히 가나다순으로 이름을 쓴 것이다. 편지를 받았던 동료 직원 중 직위가 높음에도 뒤쪽으로 이름이 밀린 당사자는 말은 하지 않았어도 기분이 나빴을 수 있다. 이것을 보면 나는 격식이나 체면 등을 깨부수기 위해 나름대로 노력했던 선각자였던 것 같다. 둘째는 이름 뒤에 붙이는 호칭이다. 최근 언론 보도에 의하면 삼성그룹 이재용 회장을 JY라고 부르고 한종희 부회장을 종희 님이라고 부르도록 사내 메일을 통해서 고지되었다고 한다. 20여 년이 지난 그때 내가 직원들에게 편지를 쓰면서 이름 뒤에 붙이는 호칭을 '님'이라고 붙였던 것을 보면 이미 나는 그런 것들을 고려했던 것이 아닌가 생각해 본다. 위 두 가지 모두 지금은 받아들일 수 있는 상식적인 이야기이지만 그때는 불편했을 사랑하는 동료분들께 미안하다 전하고 싶다.

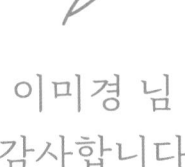

이미경 님
감사합니다

나는 당신이 희생정신을 가지고 있기에 감사합니다.
나는 당신이 가족에게 헌신적이기에 감사합니다.
나는 당신이 시부모님을 친정 부모같이 생각하기에 감사합니다.
나는 당신이 시댁 형제들과 우애 있기에 고맙습니다.
나는 당신이 예쁘기에 고맙습니다.
나는 당신이 건강하기에 고맙습니다.
나는 당신의 가슴에 사랑이 가득하기에 고맙습니다.
나는 당신이 남편을 잘 챙겨주기에 고맙습니다.
나는 당신이 남편을 이해해 주기에 고맙습니다.
나는 당신이 살림을 잘하기에 고맙습니다.
그리고 앞으로도 영원히 고맙게 생각할 겁니다.

2009. 12. 30 가족회의 날 당신을 고맙게 생각하는 남편이

위 편지를 써서 아내에게 전달하고 14년여 만에 다시 열어보니 유치하고 낯간지럽다. 내용을 모두 나의 기준에서 작성했기 때문에 '시댁에 잘하고 있어' 고맙다는 내용 일색이다. 이 편지를 받고 나서 아내는 어떤 마음이었을까 궁금하기도 하다. 그냥 주니까 받았을 수도 있지만 정말로 '남편이 곱게 생각해주는구나!'하고 감동했을까 생각도 해본다.

만약에 감동해 눈물이라도 보였다면 꽤 오랜 시간이 지나긴 했지만 지금도 기억에 있을 법한데, 그렇지 않은 걸 봐선 그런 감동은 주지 못한 것 같다. 지금의 현실을 고려하여 편지를 또 써볼까? 그러고 나서 10여 년 후에 읽어 보면 또 다른 감정이 들 듯하다. 편지 끝에 쓴 '그리고 앞으로도 영원히 고맙게 생각할 겁니다'라는 말에는 지금도 전혀 변함이 없다. 정말이다. 만약에 지금 다시 편지를 쓴다면 하늘나라에 계신 장인어른께 고맙다는 말씀도 드리고 싶다. 연세가 있어 병원에 다니고 계신 장모님께는 건강히 지내시라는 말씀을 드리고 싶다.

아내에게 감사장을

사랑 듬뿍 이미경

사랑 듬뿍 예쁜 당신은 세상에 하나밖에 없는 정말로 고운 나의 아내입니다. 어려운 환경임에도 불구하고 오로지 사랑으로 가족을 돌봄으로 인해 시부모님은 물론 온 가족이 사랑을 한 몸에 받고 있으며 자기를 희생하여 가족을 일구는 귀한 사람입니다.

2007년 년 말 가족회의에 즈음하여 남편으로서 가장으로서 고마움을 전하고자 이 감사장을 드립니다.

2007.12.31 당신을 사랑하는 남편이

우리 가족은 연말이면 온 가족이 모여 1년을 되돌아보고 다음 해를 구상하는 가족회의를 한다. 세 아이와 부부를 합쳐 모두 다섯 명이 구성원이고 회의 진행은 순번을 정해 돌아가며 의장을 맡는다. 위 내용은 2007

년 말 회의를 하면서 아내에 대한 감사의 마음을 글로 표현하고, 감사장의 형식을 빌려 아내에게 준 것이다.

  15년여가 지난 지금, 이 내용을 들여다보니 약간은 유치하기도 하고 쑥스럽기도 하다. 하지만 당시의 감정이 고스란히 남아 있어 따스한 감정이 들기도 한다. 그때 아마 감사장과 함께 약간의 현금 봉투를 주었던 것으로 기억하는데 시간이 많이 지난 지금, 금액은 기억나지 않지만 쩨쩨하기로 소문난 내가 많은 금액을 봉투에 넣지 못했을 것 같다. 주는 사람과 받는 사람의 감정은 각기 다르겠지만, 주는 나로선 '주는 것에 의미를 두면 되지 금액에 무슨 관계가 있나?'라고 생각했던 것 같다. 받았던 아내의 생각은 아직도 확인해 보지 않아 모르겠다. 하지만 많이 준다고 싫어할 사람 있을까?

감사장

사 랑 듬 뿍
이 미 경

사랑 듬뿍 예쁜 당신은 세상에 하나 밖에 없는 정말로 고운 나의 아내입니다 어려운 환경임에도 불구하고 오로지 사랑으로 가족을 돌봄으로 인해 시부모님은 물론 온 가족의 사랑을 한 몸에 받고 있으며 자기를 희생하여 가족을 일구는 귀한 사람입니다. 2007년 년말 가족회의에 즈음하여 남편으로서 가장으로서 고마움을 전하고자 이 감사장을 드립니다

2007. 12. 31
당신을 사랑하는 남편이

아내의 생일, 편지

인생의 동반자 이미경 님께

　1987년 11월 15일 결혼식을 거행한 후 지금까지 22년 이상을 같이 살면서 애환이 많았습니다. 좋은 일도 많았겠지만 어렵고 힘든 일이 더 많았던 것으로 기억됩니다. 그러나 과거는 흘러갔고 미래만 존재합니다. 어렵고 힘든 일은 지워 버리고 희망차고 미래를 생각하는 일들을 기억합시다. 나이를 한두 살 더 먹어 가면서 과거에 아웅다웅하던 일들을 기억하면 입가에 미소가 지어집니다. 조금만 양보했더라면 문제가 없었을 텐데…. 그저 서로 간에 자존심을 내세웠던 것이 문제가 되었던 것 같습니다. 아들이 군대 가고 큰 딸이 수능시험을 치른다고 하니 당신과 내가 세월을 많이 보냈다고 하는 생각이 듭니다. 그러나, 인생은 지금부터 시작이 아니겠는가 하는 생각이 듭니다. 아이들은 아이들대로 조금만 지도해 주면 자랄 것이고 우리는 우리대로 미래를 준비해야 할 것이란 생각이 듭니다. 내일은 당신이 48번째 맞이

하는 생일이요. 그동안 여러 번 생일을 맞이했지만, 아들을 군대 보내고 맞이하는 생일이라서 더 의미가 있는듯합니다. 많은 선물을 사주는 것도 중요하지만 마음을 주는 것도 중요하다는 생각이 듭니다. 말과 행동으로 표현은 하지 못하지만 결혼 이후 현재까지 당신 하나만을 믿고 사랑해 왔으며 지금도 당신을 사랑하고 앞으로도 영원히 사랑할 것이요. 그 점 믿어도 좋소. 모처럼 만에 당신에게 편지를 쓰는데 사실 쑥스러운 점이 많이 있네요. 그러나, 서로를 존중하면서 앞으로도 서로를 아낀다는 차원에서 편지를 쓰니 받아 주시오.

당신을 사랑합니다.
2009. 10. 05 밤 영원한 남편 완영 드림

내가 아직도
담배를 피운다면

 2009년경에 담배를 끊었으니 이제 15년이 다 되어간다. 스무 살이 지나서부터 담배를 피웠던 것으로 기억되니 어림잡아 30여 년간 담배를 피웠던 것 같은데, 중간중간에 담배를 피지 않았던 기간이 있었기에 실제로 담배를 피운 기간은 25년여 되는 것 같다.

 내 나이 50여 살이 되었을 때 큰아이가 고3이었다. 공부를 썩 잘하는 편은 아니었지만, 열심히 하면 원하는 대학엔 갈 수 있었던 것 같다. 학교에서 야자까지 하고 집에 와서 또 책상에 앉아 책을 들여다보고 있는 모습이 대견하다기보단 안쓰러운 마음이 큰 상황이었다. 공부를 대신해 줄 수 있다면 대신해 주고 싶은 마음도 없진 않았지만 그건 당치도 않은 꿈이었다. 그러면 그런 상황에서 내가 아빠로서 도와줄 방법이 무엇이 있을지 고민해 보았다. 체력 관리를 위해 영양식을 사주는 것? 분위기에 방해가 되지 않도록 술 마신 날은 퇴근 후 아들과 대화도 없이 눈도 마주치지 않고 방으로 들어갈까? 공부를 더 열심히 하라고 용돈을 올려줄까? 오랫동안 앉아있어야 하니 책상과 의자를 체형에 맞는 것으로 바꿔 줄까? 등 여러 가지를 생각해 보았지만, 어느 것 하나 성적을 올리는 것에 결정적인 요인이 되지 못한다는 건 자명한 사실이었다. 절대적이지 못하다는 것이다.

오랫동안 고민만 했지, 실천은 못 하고 시간만 흘러가고 있었다. 어느 날 문득 피우고 있는 담배를 끊는 독한 모습을 보여주면 조금이나마 본을 보여줄 수 있지 않을까? 하는 생각을 하게 되었다. 하지만 30여 년을 피워 온 담배를 하루아침에 끊는다는 것을 두고 또 번민하게 되었다. 나도 담배를 피우고 끊기를 여러 번 한 경험이 있고 주위에서 금연에 실패한 사례를 여러 번 보아왔던 터라 쉽게 결정하지 못하고 갈팡질팡했다. 내가 담배를 끊는다고 해서 아들의 실력이 쑥 올라갈까? 나의 마음속에서 싸우고 있었다. 아들은 아들의 길이 있으니 공연히 담배를 끊는다고 해 스트레스받지 말아야겠다는 생각이 있는 한편, 여러 가지 측면에서 금연이 좋은 것이라는 생각이 들기도 했다. 이렇게 시간만 보내고 있을 때가 아니었다. 내가 담배도 끊지 못하면서 아들에게 열심히 공부해서 원하는 대학교에 가라고 조언할 수 있을까? 그래, 결론을 내자. '오늘 지금, 이 시간부터 담배를 피우지 않는다'라고 시작한 것이 벌써 15년여가 흘렀다.

시간이 지나 아들은 대학교 졸업 후 사회 일원으로 제 몫을 하고 있다. 아빠인 내가 담배를 피우지 않는다고 해서 공부가 더 잘 되었을까? 그것은 아닐 것이다. 하지만 아빠의 마음을 조금은 헤아려 보지 않았을까 생각도 해본다. 남들은 금단현상 어쩌고 저쩌고 하는데 나는 결심을 한 그 시간부로 금단현상은커녕 담배 한 개비에 대한 조그만 욕구조차 없었다. 이제는 환갑을 지나 육십 대 중반을 넘어섰고, 손주도 생긴 이 시점에 내가 아직도 담배를 피운다면 어땠을까? 끔찍한 일이다.

58년 개띠

　사람마다 태어나면 각자 띠가 있다. 나는 1958년에 태어나서 개띠이다. 내가 태어날 때부터 개띠라는 것을 알았던 것은 아닐 테고 어느 정도 자랐을 때 어머니로부터 "너는 개띠이다"라고 말씀하셨기에 알게 된 것이다. 내가 가지고 있는 국민학교(현 초등학교) 4학년 생활통지표(성적표)까지는 1958년으로 기록되어 있다. 하지만 초등학교 졸업장에는 1959년생으로 기록되어 있다.

　오래전에는 통상적으로 출생하여 1년여 후에 호적 신고를 했다고 하니 그럴 만도 하다. 학교 다닐 적에는 나이가 한 살이라도 많은 것이 친구들 사이에서 우쭐하게 하는 경향이 있었는데 이제 많은 나이는 아니지만, 나이가 들어보니 한 살이라도 젊은 것이 좋다. 일반 기업체에서는 정년제도가 있어도 나이가 절대적인 퇴직 사유가 되지는 않지만, 공직자로 근무하는 사람들은 정년이 있기에 공식적인 나이가 절대적이다. 그래서 지금 내

나이가 한 살 적게 호적에 등재된 것이 다행이라고 생각한다.

　1958년생이 걸어온 길에는 여러 가지 변화가 있었다. 중학교에 진학할 때는 소위 말하는 뺑뺑이 세대(평준화 교육 세대를 지칭하는 말)이고 고등학교에 진학할 때는 진학 본고사가 없어지고 연합고사를 치러 고등학교를 배정받았던 시대이기도 하다. 통계적으로 보면 1958년에는 100만 명에 가까운 신생아가 태어났다고 한다. 동년배들이 많으니 힘을 합쳐 사회를 끌어나가는 중요한 일을 맡아야 하지 않을까?

문지원(1)

사랑하는 문지원에게
문지원 첫돌 축하해요.

지난 2019년 크리스마스이브에 이 할아버지가 "사랑하는 문지원에게"라는 말로 시작해서 편지를 썼었는데 이번이 두 번째 편지를 쓰게 되었네요. 그때는 지원이가 세상에 와서 엄마와 아빠를 만난 지 5개월여가 되었을 때이니 울면 맘마 주고, 가끔 웃는 표정만 보여줘도 세상 모두 얻은 것처럼 들썩이고 좋아하던 때였지요. 돌이 된 이 시점에는 걷기 잘하고, 사랑의 의사 표현도 하고, 많은 성장을 했네요. 같은 시기에 태어난 친구들보다 5개월여나 신체조건이 좋다고 하고 건강하게 잘 자라준 지원이에게 고맙다는 말을 전해요.
"문지원 고마워요".

2019년 8월 5일 문지원이 세상에 온 그날 할아버지 할머니는 한달음에 지원이를 만나러 달려갔지요. 할아버지가 평생을 살아오면서 처음 느끼는 행복함을 가져다준 지원이가 고맙기만 하네요. 튼튼하고 총명하게 자라서 모두가 원하는 그런 훌륭한 인물이 되리라고 믿어 의심치 않아요. 다시 한번 문지원의 첫돌을 진심으로 축하하며 앞으로 건강하게 자라기를 희망해요. 지금까지 예쁘게 키워준 엄마 정상미와 아빠 문하준에게 고맙다는 인사를 할 수 있지요?

"엄마 아빠 고마워요".
2020. 8. 2 외할머니와 외할아버지가 문지원에게 보내요.

누구에게나 찾아오는 기회가 있다. 부부가 자식을 낳고 그 자식이 다시 아이를 갖게 되는 것은 자연의 섭리이다. 하지만 요즈음 들어서는 결혼이 늦어지고 또, 결혼한다고 해도 아이가 하나인 집이 있고 심지어는 결혼해도 2세를 가지지 않은 집이 늘어나고 있는 것이 현실이다. 이런 상황에 누구에게나 찾아오는 게 아닌, 나에게만 특별히 찾아온 기회가 있다고 생각하니 감사할 일이다. 통계적으로 보면 2021년 합계출산율이 0.84명이라고 한다. 내가 혼자 걱정해서 될 일은 아니지만, 사회적인 문제가 된 지 오래다. 이런 문제가 있음에도 불구하고 우리 집에는 경사가 났다. 딸아이가 결혼한 지 1년여 만에 첫아이를 낳았는데 그 귀한 손주가 돌을 맞이한 것이다. 이 세상이 와준 것만 해도 기쁜 일인데 건강하게 자라서 이제 돌이 되었다니 이보다 더 기쁜 일이… 물론 아이를 이만큼 키우는 데는 엄마 아빠의 헌신적인 노력과 희생이 있었겠지만, 이는 조건 없는 사랑이기 있었기 때문에 가능했을 것이다. 다소 우매한 생각이기는 하지만 아이를 낳아서 기르면서 훗날에 돌아올 기회나 이득을 봐가면서 자식을 키우는 부모가 있을까? 상상이라도 해서는 안 될 끔찍한 일이다.

막내딸 독립

사랑하는 아빠, 엄마께

　예쁜 막내딸 상아예요. 편지를 쓰는 건 굉장히 오랜만인 거 같아 조금 어색하네요. 근데 조금은 이런 아날로그적인 방법이 진심을 전하는 데는 더 좋으니까요. 제 마음속에 있는 마음을 전하기에 좋을 거 같아 적어봅니다. 우선, 절 이렇게 예쁘게 키워주셔서 감사해요. 아빠 엄마의 무한한 사랑으로 부족함 없이 행복하게 자랄 수 있었어요. 감사하다는 말은 백번 해도 모자랄 만큼 정말 많이 감사하고 사랑합니다.

　제가 아빠 회사에서 일하게 된 지 벌써 햇수로는 3년이 다 되어가네요. 처음에 일 배울 땐 실수투성이에 맨날 밥 먹으면서 울었는데 지금은 나름 적응했다고 눈물도 마르고…. 다른 직원한테 휴대폰 업무도 알려주는 단계까지 컸네요. ㅎㅎ 뭐든 처음이 어려운 법이지, 하다 보면 익숙해지는 거 같아요. ㅎㅎ 물론 아빠 회사이긴 하지만 그래도 공식적인 제 첫 사회생활인데 요로코롬 좋은 기억들로 만들어 주셔서 감사해요.

　음, 사실 진짜 하고 싶은 말은 따로 있어요. 정말 예전부터 생각해

왔던 일이 있는데 지금이 아니면 또 언제 해볼 수 있을지 몰라서 말씀드리려고 해요. 올해로 제가 26살이 되었는데 더 기회가 없어지기 전에 독립해 보려 합니다. 한 번도 말씀드린 적이 없는 얘기라 당황스러우실 거예요. 근데 생각하고, 생각하고 또 생각해 봤을 때 더 늦기 전에 지금 하는 게 맞는 거 같아요. 아빠 엄마한텐 아직 한없이 어린 딸이지만…. (앞으로도 영원히 그럴 테지만?) 생각하시는 거만큼 어리지도 않고, 뭐든 열심히 잘할 수 있답니다.

저는 어떤 일을 한 것에 후회하는지, 하지 않은 것에 대해 후회하는지 생각해 봤을 때 늘 하지 않은 것에 후회를 많이 했던 거 같아요. 성격이 소심하고 일어나지 않은 일에 대해 미리 겁을 먹는 편이라 말하지 않았던 것을 후회했고, 도전하지 않던 것에 후회했어요. 그래서 해보자! 라고 생각했던 일 중 하나가 스스로 더 단단한 사람이 되기 위해 독립을 하는 거였고, 그게 지금이 딱 이뤄 볼 시간인 것 같아요. 차라리 해보고 후회하는 게 낫지, 해보지도 않고 후회하는 건 억울할 것 같아요. 제 결정이 미덥지 않아도 믿어주시고, 응원해 주셨으면 좋겠어요. 아빠 엄마는 그 누구보다 저를 사랑하시고 제가 잘되기를 바라시잖아요? 저 또한 제가 잘되고, 돈도 많이 벌고 행복했으면 좋겠어요. 그 첫 시작에 꼭 힘이 되어 주셨으면 해요. 정말로 정말로 잘할 수 있어요!

2022년 2월, 막내딸이 독립해 서울로 가고 싶다며 써 준 편지, 뭐라 답해 주는 게 좋을까?

鄭完泳大人雅鑒

暇山

庚午晚秋之節
荘山題

2장

이리 보고, 저리 생각해보기

거울도 거짓말을 하나

 나는 아이들을 키우면서 '아빠 닮아라'라고 강요한 적이 없다. 그러나 말투, 행동, 표정으로 강요했을지도 모르겠다. 눈치가 빠른 아이들은 아빠인 내가 뭘 원하는지 알고 있다. 힘에 눌려 옳은 방향인지 그른 방향인지 판단하지 못하고 점점 내가 의도하는 방향으로 갔다. 말을 안 했을 뿐이지 행동이나 표정이 지시의 형태로 변해가고 있었는지도 모른다. 이런 내용을 알게 된 것은 아이들이 성장해 결혼하고 난 후에서야 였다. 내가 어느 날 거울에 물어봤다. "내가 아이들에게 아빠를 닮으라고 강요하고 있니?" 거울이 "그렇다"고 대답했다. 내가 생각하기에 전혀 강요한 사실이 없는데 거울이 그렇게 대답하니 거울도 거짓말을 하고 있다고 생각했다. 전에는 내가 생각하는 것이 무조건 옳고 아이들이 따라주지 않으면 아이들이 틀렸다고 생각했다. 아빠의 생각이 이러니 아이들의 주장은 펴보지도 못하고 한정된 울타리 안에서만 맴돌았을 것이다. 그런데도 나는 아이들이 잘 자라 이 시대의 주역이 되기를 바라고 있었다는 말인가? 좋은 말로 표현하면 소신 있고 주장이 강하다고 할 수 있지만 그 반대일 수도 있다. 완벽한 사람이 없듯 내 언행 또한 언제나 만점일 수 없다. 그러면서 아이들에게는 완벽한 모습을 강요한 것이다.

　옛날 한 서당에서 훈장이 '바람풍(風) 자를 가르치려 하나, 혀가 짧아 '바담풍'이라 발음하여 제자들도 '바담풍'으로 배웠다는 이야기에서 나온 말이 생각난다. 나의 모습이 바르지 못하면서 아이들은 그렇게 자라기를 바라는 것이 바람풍을 가르치는 훈장과 다를 것이 무엇이겠는가? 이제 나를 조금씩 알아가는 나이가 된 것 같다. 가족을 넘어 모든 이에게 상대를 존중하는 모습을 배워야 할 것 같다. 거울이 나를 바른 길로 가도록 가르쳐 주는구나 싶다.

상속포기 동의서 해프닝

　상속이란 '일정한 친족관계가 있는 사람 사이에서 한 사람(자연인)이 사망한 후 다른 사람에게 재산에 관한 권리와 의무의 일체를 이어 주거나, 다른 사람이 사망한 사람으로부터 그 권리와 의무의 일체를 이어받는 일'(인터넷 검색)이라고 되어 있다. 얼마 전 돌아가신 아버지의 재산이 있는데 상속권자들로부터 상속포기 동의서를 받아 내 소유로 만들었다. 상속권자들은 어머니, 누나, 여동생, 남동생 그리고 나를 합쳐 모두 다섯 명이었다.

　어느 날 어머니와 누나 동생들에게 돌아가신 아버지 재산 명의 이전을 위해 상속포기 동의서 날인과 인감증명서를 부탁했다. 모두 동의하고 인감증명서를 전해주면서도 개운치 않은 얼굴이었다. 언론을 통해 재산분할 과정에서 형제간 싸움이 난다는 기사를 여러 차례 보고 들은 바 있다. 또 재산분할, 상속을 전문으로 하는 변호사가 많은데 그만큼 재산 관련 일은 가족 간에 중요한 일인 것이다. 주변에서 듣기만 했던 일이 나에게도 생겼다. 이야기는 이러하다. 부모님께서 사시던 주택에 7.2㎡(약 2평) 넓이의 가설건축물이 있다. 농기구나 소쿠리 등을 넣어놓는 헛간으로 활용하고 있었다. 워낙 원칙적인 것을 좋아하시던 아버지께서 구청에 신고하고 합법적으로 사용하는 가설건축물이었다. 가설건축물에도 소유주가 있는데 돌아가신 아버지 명의로 되어 있는 것이다. 이것을 나의 명의로 바꾸는 것이었다. 장남으로서 남매들에게 전화해 아버지가 숨겨놓으신 재산이 있는데 내 몫으로 한다고 했다.

가족은 일단 동의부터 하고 무슨 내용인지 조심스럽게 물었다. 자초지종을 설명하니 '그러면 그렇지'라는 반응이다. 그렇게 상속포기 동의서를 써주고 웃으면서 마무리 지었다. 재산 가치가 얼마인지를 묻기 전에 우선 동의부터 하고 나서 조심스럽게 물어보는 누나와 동생들에게 고맙게 생각한다. 그러면서 잠시 나 혼자만의 생각해 본다. 집에 값비싼 물건이 있다 하더라도 누나와 동생들은 나를 믿고 지금과 똑같은 대답했을 것이다. 이것은 진정 나 혼자만의 생각인가?

아빠의 꼬드김에
넘어간 막내딸, 그러나

　코로나19가 막 번지기 시작해 여행이 부자연스럽던 2020년은 막내딸이 대학을 졸업하던 시기다. 대학을 졸업하면 뭐든지 할 수 있을 것이라는 큰 희망을 품고 졸업했을 터인데 불어 닥친 한파에 그만 좌절하고 말았다. 막내딸 꿈은 항공기 승무원이었지만 코로나19로 여행 업계 상황이 급격히 나빠진 탓에 바늘구멍만큼 작아진 채용 문턱을 넘지 못하고 졸업 후 백수가 됐다.

　나와 아내는 막내딸에 대한 기대를 하고 있던 터라 몇 군데 취업한다는 말에 시큰둥한 표정을 지었다. 본인 또한 자존심이 있었던지 막연하게 다음을 기약하는 신세가 되고 말았다. 마침 내가 운영하는 작은 회사에 직원 공백이 생겨 아내를 통해 막내딸 의견을 물어보았으나 기회가 되면 서울로 간다는 핑계로 이리저리 피했다. 대학을 졸업하고 두어 달 뒤 다시 한번 같은 제안을 했다. 졸업할 당시 꿨던 꿈을 이루는 데 어려움을 느끼고 있던 막내딸은 아버지 제안을 마지못해 받아들였다. 처음 시작한 일은 휴대전화기 판매였다. 휴대전화기에 관심 많을 청년이기에 휴대전화기 판매 업무를 맡겼는데 그런대로 잘 이끌어 간다. 물론 사회 초년생이기에 까다로운 고객을 만났을 때 어려워하기도 했지만, 성실히 근무했다.

근무를 시작한 지 2년이 지났을 무렵 막내딸이 그만두겠다고 했다. 매너리즘에 빠진 것인지, 꿈이 되살아난 것인지 모르겠지만 현재를 벗어나기만 하면 다른 더 좋은 상황이 올 것이라는 막연한 생각을 하는 게 아닌지 우려가 앞섰다. 아빠 입장에서 볼 때 부족하다고 생각하는 현재 상황을 더 나은 환경으로 만드는 데 노력하길 바랐고 시간이 흘러 괜찮은 사람을 만나 결혼하길 바랐다. 이런 바람이 기성세대인 나와 신세대인 딸 사이에서 괴리감을 만드는 것을 아닌지, 혹시 딸 앞길을 막는 것은 아닌지 생각한다.

열세 번 이사 다니기

내가 4살 때인 1962년 처음으로 이사를 했다. 부모님의 사업을 위해서였다. 그 후 60대 중반인 현재까지 자의 반 타의 반으로 13번 이사했다. 결혼한 후에도 지금까지 이사를 10번 정도 했으니 적지 않은 횟수라고 생각한다. 성인이 되어 직장을 구하고 직장 형편에 따라 여러 곳을 다니다 보니 의도치 않은 곳으로 이사를 하기도 했다. 당시엔 결혼하고 자녀가 있는 경우 가장의 직장 형편에 따라 전근 가는 경우가 흔했다. 이때 아내와 아이들은 본거지에 있고 가장만 거처를 옮겨 주말부부로 지내는 경우도 왕왕 있었다. 하지만 나는 전근을 할 때마다 아내와 아이들과 함께 이사했다. 그러다 보니 첫째 아이는 대전에서 초등학교 입학, 광주에서 초등학교 졸업, 평택에서 중학교 입학과 졸업, 대전에 있는 고등학교 입학과 졸업을 했다. 둘째, 셋째도 상황은 비슷하다. 이러다 보니 아이들에게는 미안함도 있지만 좋은 점도 있다고 생각한다(나만의 생각일 수 있음). 직장에서 발령받아 다른 지역으로 이동하게 되면 회사에서 사택을 제공

한다. 주거 문제가 해결되는 동시에 다양한 사람을 만날 수 있다. 사람은 사회적 동물이기에 지역을 옮길 때마다 다양한 사람과 관계 맺기가 자연스러웠다. 이는 고향에서 느끼지 못하는 또 다른 문화를 접할 수 있게 한다. 지역마다 각양각색의 풍습, 예절, 행사 등으로 그 지역의 또 다른 맛을 느낄 수 있다. 일부러 시간을 내서 명승지를 찾아 관광을 다니고 유명한 음식점을 찾기도 하는데 회사에서 이런 기회를 주니 고맙지 않을 수가 있나? 나는 이사를 할 때마다 불편보다 희망에 찬 마음으로 앞장서서 다녔다. 새로움에 도전하는 것도, 앞으로 마주할 사람, 환경, 문화 모든 것에 기대했다. 과거에는 이사할 때마다 모든 살림을 일일이 싸야 했고 새집에서 짐을 풀어야 하는 번거로움이 있었다. 그러나 지금은 이사 전문 업체가 있어 수월하게 이사할 수 있고(물론 이사 전문 업체에 일정액의 대금을 내야 함) 입주 청소까지 깔끔하게 해준다.

이사를 하면서 가족이 느꼈던 감정을 정리해 본다.

1. 새로운 친구, 지역, 환경에 매번 설레었지만, 적응은 힘들었어요. (큰딸)

2. 지나고 나니 재미있는 추억이었지만 당시 어린 나는 이사가 싫고 외로웠고 힘들었어요. (작은딸)

3. 어디에 있든 우리 가족과 함께했던 기억이라 참 행복했고 감사했습니다. (아들)

4. 새로운 환경에 적응해야 할 두려움도 있었지만, 우리 가족과 함께이기에 행복한 시간을 보낼 수 있었던 것 같습니다. 그 시간들이, 그곳에서 만났던 사람들이 그립습니다. (아내)

아호

    나는 가산(暇山)이라는 아호를 가지고 있다. 2020년 10월 28일 장산 김두한 선생님으로부터 가산이라는 아호를 받았다. 어느 날 가깝게 지내는 묘산 친구와 함께 대화하던 중 "나도 아호를 하나 가졌으면 좋겠으니 묘산이 호를 하나 지어주시게"라고 부탁했다. 서예를 가르쳐 주는 선생님이 계시는데 부탁해 본다고 했다. 얼마 후 선생님과 가벼운 인사 자리가 마련됐고 한 달 후 다시 선생님을 만났다. 그때 장산 김두한[1] 선생님이 가산이라는 호를 지어주셨다.

    김두한 선생님이 나를 만나서 이야기해 보니 너무 바쁘게 살고 있는듯하니 '모든 것을 품은 큰 산과 함께 여유를 가지고 살아갔으면 좋겠다'며 이 아호를 지어주신 것이다. 나는 30년이 넘도록 삼성전자에서 근무했다.

---

[1] 김두한, 1955년 강원도 영월 출생, 본관 안동, 원광대학교 대학원 서예학과 미술학석사, 대전미술협회 부이사장, 동학사승가대학, 원광대 서예과 출강

퇴직 후 10여 년이 넘는 지금까지 오직 일과 함께 바쁘게 살았다. 안타깝게도 그것이 내가 살아가는 덕목이었던 것 같다. 또한 나와 동시대를 살아가는 사람들의 공통된 삶이자 의무였을지도 모른다. 주위를 돌아볼 여유가 없었다. 특히 아내와 사랑하는 아이들과 오붓한 시간을 보냈던 적이 드물었다. 아니, 정확히 기억나는 일이 없으니 없다고 하는 편이 맞을 것 같다. 처음 김두한 선생님을 만나서 인사 나눌 때 가족 사항, 직업, 경력 등을 말했다. 잠깐의 대화를 통해 내가 엄청나게 바쁘고 여유 없이 살아가고 있다고 느꼈던 모양이다. 스스로 생각했을 때 인정할 정도니. 60년을 넘게 살아오는 동안 생긴 습관이 하루아침에 바뀌지 않을 것이다. 하지만 이것을 계기로 바꿔야 한다. 언제까지 일만 하면서 살아갈 수 없기에. 쉼이 필요한 시기라고 생각한다.

가산이라는 호를 얻고 나서 삶의 방법을 바꾸어 나가고 있다. 최우선의 가치를 바꿔나가고 있다. 이제는 기타도 치고 캘리그래피도 배우고 사진도 찍고 한다. 그러나 무엇보다도 중요한 것은 가족과 함께하는 시간을 늘리는 것이다. 하지만 오래된 습관을 바꾸니 몸의 저항도 만만치 않다. 나의 몸과 마음이 쉽게 따라주지 않는다는 것이다. 이제는 나와의 싸움이 시작된 것 같다. 내가 이겨야 하는데….

鄭完泳大人雅囑

暇

庚子晚秋之月
笵山題

막내딸
결혼식 축가(1)

막내딸 결혼식을 마친 지 보름 정도 지났다. 결혼식이 다가올수록 긴장감과 압박감이 상당해 심리적으로 불안한 상태였다. 결혼식이 끝나고 난 지금은 미련도, 더 잘했더라면 하는 후회도 없다. 막내딸 결혼식에서 내가 축가를 불렀는데 '별빛 같은 나의 사랑아'를 불렀다. 기타 치는 친구 두 명과 함께 기타를 치며 최선을 다해 노래를 불렀다. 축가를 마치니 평소 나를 알고 있던 하객들은 "기타를 치면서 축가를 부를 거라고는 전혀 상상 못 했다"며 "어떻게 축가를 부를 생각을 했느냐? 또 다른 면을 보았다"는 반응이다. 당시 나는 혼이 빠진 상태였고 등줄기와 손바닥에 땀이 흥건했다. 많은 박수와 함께 예상했던 대로 앙코르를 요청이 있었다. 혹시 몰라서 다른 곡을 준비했는데 '꿈을 먹는 젊은이'라는 오래됐지만 경쾌한 곡이었다. 앙코르곡까지 잘 마쳤다. 하지만 분위기는 다소 썰렁했다. 첫 번째 곡과 두 번째 곡 모두 스피커를 통해서 나오는 소리가 잘 들리지 않았다고 한다. 특히 두 번째 곡이 더욱 그러했단다. 축가를 끝까지 마쳤지만 작은 사고를 낸 것이다. 기타 반주를 도와준 친구가 나름대로 장비를 철저하게 준비했지만 목소리가 들리지 않았다고 여기저기서 아우성쳤다.

축가를 잘 불러 딸에게 멋진 추억을 만들어 주려고 했는데 잘 부르기는커녕 목소리가 작아서 아쉬움이 컸다. 하지만 기타 초보가 겁도 없이 관객 앞에서 축가를 부를 생각을 했다는 것이 스스로 기특하고 대견했다. 혹시 앙코르가 있으면 어쩌나 하고 추가로 곡을 준비한 것도 겁 없는 직진이었다. 세상에 자녀를 가진 부모에게 살짝 귀띔해준다.

"자녀를 사랑한다면 결혼식 때 작은 추억을 만들어 주세요. 그것이 축가이면 더 좋겠습니다."

[별빛 같은 나의 사랑아]
당신이 얼마나 내게 소중한 사람인지
세월이 흐르고 보니 이제 알 것 같아요
당신이 얼마나 내게 필요한 사람인지
세월이 지나고 보니 이제 알 것 같아요
밤하늘에 빛나는 별빛 같은 나의 사랑아
당신은 나의 영원한 사랑
사랑해요 사랑해요 날 믿고 따라준 사람
고마워요 행복합니다 왜 이리 눈물이 나요

밤하늘에 빛나는 별빛 같은 나의 사랑아
당신은 나의 영원한 사랑
사랑해요 사랑해요 날 믿고 따라준 사람
고마워요 행복합니다 왜 이리 눈물이 나요
왜 이리 눈물이 나요

[꿈을 먹는 젊은이]
타오르는 꿈을 안고 사는 젊은이여
우리 모두 같이 흥겹게 노래해요
푸른 나래 펴고 꿈을 먹는 젊은이여
성난 파도처럼 이 자리를 즐겨요
행복은 언제나 마음속에 있는 것
괴로움은 모두 저 강물에 버려요
사랑과 욕망도 모두 마셔 버리고
내일을 위해서 젊음을 불태워요

평생직장 평생직업

나는 삼성전자에 입사해 33년을 근무했다. 공직이라면 한 직장에서 30년 이상 근무하는 것은 흔한 일이다. 하지만 사기업에서는 몇십 년 이상 근무한다는 것이 결코 쉬운 일이 아니다. 언젠가 평생직장과 평생직업이라는 말이 유행했던 적이 있다. 한 직장에서 오랫동안 근무하는 것이 예의이고 덕목 중의 하나라고 생각했던 적이 있다. 직장 생활을 하면서 회사, 상사, 업무에 불만이나 어려움이 있더라도 참고 이겨내는 전통과 문화가 있었다.

갓 입사한 신입사원은 기존 사원들보다 일찍 출근하고 늦게 퇴근하는 것도 이 시기에 있었던 미덕이었다. 그렇게 해야 어렵게 얻은 직장에서 평생 근무할 수 있다는 생각이 그 시대의 문화였다. 시간이 흐르면서 직장 문화가 많이 바뀌기도 했지만 과거의 문화를 원하는 사람이 확연히 줄었다. 이는 서로를 존중하기보다 상사가 부하직원을, 기존 사원이 신입사원의 눈치를 보며 직장 생활을 하는 것이 아닌가 하는 생각도 든다. 또 과업을 달성하는 데 들이는 열정과 노력보다 회사와 나의 문제를 해결하고 상하관계를 풀어나가는데 더 중점을 두는 것 같다는 생각도 든다. 변화된 사내 문화를 보면 평생직장보다는 평생직업이라는 말에 더 비중을 두는 것 같다. 어렵게 얻은 일자리이지만 나의 견해와 조건에 맞지 않는다면 언제든 다른 직장으로 옮길 준비가 있는 듯하다. 평생직장을 자랑으로 삼고 살아왔던 한 사람의 눈에 비치는 이 현실이 안타까울 따름이다.

똥인지 된장인지
모르는 아들

    보통은 자기 자식을 감싸고 보호하고 편을 들어주고 하는데 나는 하나밖에 없는 아들을 조금은 다르게 대했다. 오죽하면 예전에 어른들께서 '다리 밑에서 주어 온 아들이라서 그런가보다'라고 말씀하시는 내용을 들은 적이 있다. 진짜로 주워 온 아들이라서 그런가? 남들보다 더 강하고 훌륭하게 키우고 싶은 것이 솔직한 나의 마음이다.

    얼마 전에 아들이 휴무라 오랜만에 도회지에 나가 친구들을 만나고 새벽 2시에 들어왔다고 한다(내가 하는 일이 전자제품 소매업이라 백화점과 같이 연중무휴이기에 직원들이 월간 휴무 일정을 정해서 요일별로 돌아가면서 쉰다). 결혼하지 않은 아들이기에 아내는 그 시각까지 기다렸다가 귀가하는 것을 확인하고 그제야 잠자리에 들었다고 했다. 아무리 젊은 아들이라 하더라도 새벽 2시까지 친구들과 술 마시며 놀고 들어왔으니 출근하기 힘이 드는 것은 불 보듯 뻔한 상황이다. 다음날 출근하려는데 친구 결혼식이 있고 어쩌고 하면서 오전에 일 보고 오후에 출근한다고 이야기하기에 속 내용을 직감하고 그렇게 하라고 했다. 아내는 그래도 아들이라고 피곤해서 그러니 쉬게 하라고 하면서 아들 편을 들었다. 내가 소리를 버럭 질렀다.

"그렇게 나약하게 키우니 저 모양이지!"

작지만 아빠가 운영하는 회사에서 일하고 있는데, 사장의 아들이라는 놈이 피곤하다고 쉰다? 말이 안 되는 일이다. 없던 친구의 결혼식이 하루 아침에 결정되어 축하해 주러 가 봐야 하나? 만약 다른 직원들이 이런 상황이라면 어떻게 판단해야 하는지 난감하다. 예전 같으면(나의 30년 전 이야기) 전날 아무리 힘든 일이 있었다 하더라도 출근 시각(오전 9시)에 딱 맞춰 사무실에 착석했을 것이다. 그것이 직장 생활하는 사람의 기본이라고 배웠고 현재도 그렇다. 한편 생각하기에 얼마나 힘이 들었으면 입에서 떨어지지 않는 "오후에 출근하겠다"라는 말을 했을까 하는 측은지심도 있다.

나의 운동(1)

세 가지 운동 중 첫 번째는 13년 전부터 시작한 '일십백천만 운동'이다.
일 : 하루 1건 이상 좋은 일 하기
십 : 하루 10번 웃기
백 : 하루 100자 이상 쓰기
천 : 하루 1,000자 이상 읽기
만 : 하루 10,000보 이상 걷기이다

구분	내용	점수	비고
일	하루 한 건 이상 좋은 일 하기	20	교통질서 지키기, 길거리 쓰레기 줍기
십	하루 열 번 이상 웃기	10	
백	하루 백자 이상 쓰기	100	매일 일기 쓰기, 수양록 작성하기
천	하루 천자 이상 읽기	100	도서 구입, 신문 읽기
만	하루 만 보 이상 걷기	90	앱에 기록한 실적을 근거로 함

이 내용은 인터넷이나 신문 기고란에 보면 흔히 나오는 내용이다. 누구나 쉽게 접근할 수 있는 내용이지만 실천하기란 절대 쉽지 않다. 자신과의 약속을 매일 지켰는지 확인하는 일은 스트레스로 다가오기쉽다. 물론 약속을 지켰는지 확인하는 기준은 매우 주관적이다. 또 자신이 한 일을 타인에게 알려줄 필요도 없고 관대한 평가가 문제 되지 않는다.

어떤 날은 '내가 왜 이런 약속을 만들어 스트레스를 받을까?' 후회할 때도 있다. 나는 휴대전화 일정 관리 앱을 이용한다. 매일 아침 일어나 하루 일정이 무엇인지 확인한다. 휴대전화 중독이라 해도 과언이 아닐 만큼 손에 휴대전화를 놓지 않는다. 일정 관리 앱에 '일십백천만' 일정을 연말까지 설정해 놓았다. 이 운동을 달성하기 위해, 자신을 독려하기 위해서다. 하루에 한 가지씩 좋은 일을 한다는 것은 제법 어려운 일이지만 내가 할 수 있는 것을 실천한다. 누구나 당연히 해야 하는 교통 신호를 지키는 것, 길거리에 떨어진 쓰레기 줍기, 일회용 휴지를 줄이기 위한 손수건 사용 등이 있다.

'좋은 일이 있으니까 웃는 것이 아니라 웃으니까 좋은 일이 생긴다'라는 말이 있다. 이 말을 실천하다 보면 웃는 연습을 하기 위해 나 자신을 괴롭히는 일이 생긴다. 하루에 열 번 이상 웃기 위해 의도적으로 거울을 자주 보는 것이 그렇다. 그것 말고도 백자 이상 쓰고, 천자 이상 읽고, 만 보 이상 걷기는 그나마 쉬운 편이다. 나는 왜 스스로를 볶아댈까?

그 친구 잘 살던데요

　얼마 전 고등학교 친구 집에 다녀 온 아내가 호들갑을 피우며 친구가 잘 살고 있다고 말했다. 넓은 마당에 2층 양옥집이 꼭 그림 같다는 것이었다. 우리와 다른 주거 환경에 부러움 섞인 말투였고 조금은 심통이 난 것처럼 보였다. 대부분 부유한 사람을 보면 '잘 산다'고 표현하는데 아내 말을 들어보면 그 친구가 분명 부자로 사는 것으로 보인다. 나도 자존심이 있어 질투 나는 마음에 "그래 친구가 잘 살아서 좋겠네"라고 대꾸했다. 며칠 뒤 아내와 잘 사는 것에 관해 이야기 나눴다. 대화하기에 앞서 나는 부자로 사는 것과 잘 사는 것에 대해 생각했다. 잘 사는 것을 검색해 보니 '삶의 질이 높은 사람', '아름다운 추억이 많은 사람', 부자는 '재물이 많아 살림이 넉넉한 사람', '돈이 많은 사람' 등 언뜻 봐도 부자와 잘 사는 사람은 엄연히 다른 내용이었다. 그런데 대부분 잘 사는 것과 부자인 것을 혼동하는 경우가 많은 듯하다. 잘 사는 것과 부자 사이에서 각자의 생각을 주고받는데 아내는 내심 부자로 살고 싶은 마음이 큰 것 같아 우리도 꼭 부자가 되자고 다짐 섞인 말로 대화를 마쳤다.

아내와 이야기한 후 문득 부자의 반대말이 궁금해졌다. 빈자(貧者) 또는 가난일 것이다. 물질문명이 발달하면서 금전적 축적이 부자의 대명사가 된 것이 여러 사람의 마음을 가난하게 만드는 것 같아 안타깝다. 물론 부자면서 잘 사는 사람도 많을 것이다. TV를 시청하다 보면 어려움에 처해있는 사람을 위해 큰 액수를 기부하는 마음 따뜻한 사람들도 많다. 하지만 부자면서 주변을 돌아보지 않는 매정한 사람 또한 많다. 부자와 잘 사는 사람을 저울(천평칭)에 올려놓고 본다면 과연 어느 쪽 무게가 더 많이 나갈까? 법상 스님이 쓴 '부자보다는 잘사는 사람이 돼라(도솔 출판사)'는 책 제목과 같이 잘 사는 사람이 됐으면 좋겠다고 생각하며 책의 한 구절을 소개한다.

"단순히 돈 많은 부자가 되지는 말라. 마음이 부유한 참된 부자가 돼라. 못 사는 부자가 되지는 말라. 돈은 없어도 마음이 풍요로운 부자, 이웃과 나눌 줄 아는 부자, 부유함이 언젠가는 떠나갈 것을 아는 부자, 깨어있는 부자, 최선을 다하는 부자, 그런 부자가 돼라."

봄옷이 헐렁하네

왜 이렇게 옷이 크게 느껴질까? 계절이 바뀌면 입던 옷은 세탁한 후 다음 계절에 입기 위해 곱게 개어 옷장에 보관한다. 깨끗하게 세탁된 옷을 옷장에 넣으며 그 옷을 입었을 때 느꼈던 감정들을 생각해 보기도 한다. 계절이 바뀌어 제철에 맞는 옷을 꺼내 입어 보면 뭔가 다른, 새로운 느낌이 든다. 얼마 전의 일이다. 아직은 쌀쌀한 기온이지만 곳곳에서 봄 냄새도 나고 해서 봄옷을 꺼내 입어 보다가 깜짝 놀랐다. 옷이 커질 리 없는데 약간 헐렁한 느낌이다. 전에는 입고 다니면 맵시도 있고 했었는데 갑자기 이렇게 몸에 맞지 않는 느낌이라니? 그리 많지도 않은 나이인데 벌써 근육이 많이 빠져 옷이 헐렁거린다는 생각이 드니 갑자기 세월이라는 단어를 생각하게 되고, 야속함에 슬픔이 밀려온다. 겨울철에 날이 춥다는 핑계로 밖에서 운동도 별로 안 했다 보니 허벅지 근육이 많이 빠진 것 같고 어깨 또한 품이 남는 게 영 어색하다.

누구나 다 가는 군대에서는 '맞는 옷을 고르기보단 옷에 사람을 맞춘다'라는 우스갯소리가 있다. 나이를 먹으면 당연히 활동량이 줄고 그에 따라 근육량도 줄어드는 것은 당연한 이치일 것이다. 그렇다면 자연적으로 빠지는 근육량을 보며 인정하고 받아들여야 하는지, 아니면 지금부터라도 옷에 사람을 맞추기 위해 근육을 늘리는 운동을 해야 하는 것일까?

다른 것들도 마찬가지겠지만 옷도 유행의 첨단을 걷는 것 중에 둘째가라면 서러운 품목 중 하나다. 옷은 유행에 아주 민감하다. 어느 해에는 넉넉하게 입는 것이 유행이었다가 몇 년만 지나면 몸에 꽉 끼는 스타일로 바뀐다. 봄옷을 꺼내 입어 보면서 작년에는 옷을 넉넉하게 입는 게 유행이었다면 올해는 꼭 맞게 입는 것으로 유행이 바뀐 탓에 내가 입어 본 옷이 크게 느껴졌으면 하는 생각도 해본다. 봄옷을 입어 보며 세월이 빠르게 흐르는 것을 절실하게 느끼고 건강을 생각하게 된다.

상사 계급장

1950년 1월 5일 아버지는 대전 병사구사령부를 거쳐 입대하셨다. 당시 아버지 나이는 19살이었던 것 같다. 결혼하고 입대한 감정은 절대 이해하지 못할 것 같다. 강원도 화천, 인제와 제주도에서 군 생활을 하셨다. 군 생활 동안 6·25전쟁을 겪으셨는데 경북 영천지구 전투에서 왼쪽 팔에 총상을 입고 국군 마산병원에 입원하셨다가 10년의 군 생활을 마치고 상사 계급으로 제대하셨다. 아버지는 90살 되신 어느 날 계급장에 대해 말씀하셨다. 군 생활을 회상하면서 제대 당시의 계급장을 갖고 싶다고. 나는 대전역 앞 군대 용품 판매점(군장사)에서 사다 드리겠다고 말씀드렸다. 시간이 한참 지나고 아버지는 두 번 다시 그 말씀을 하지 않으셨다. 계급장을 사 드려야 한다는 것을 잊은 것은 아니지만 그다지 중요하다 생각하지 않았고 대전역 근처는 주차가 불편하다는 핑계로 차일피일 미뤘다. 아버지가 돌아가시고 나서야 산 상사 계급장을 영정 앞에 고이 모셔놓았다. 살아계실 때 드렸다면 계급장을 만지면서 옛날을 회상하셨을 텐데, 그렇게 하지 못해 후회했다. 아버지! 생전에 사다 드리지 못해 죄송합니다.

　무슨 일을 하든지 때가 있는 것 같다. 아무리 좋은 것이라도 꼭 필요할 때 보고 듣고 맛보지 못하면 아무 소용이 없고 후회만 남긴다. 상사 계급장이 돈으로 치면 얼마 안 되지만 가치로 따진다면 천금과 같은데 휴지 조각처럼 됐다. 내 사무실에 문구 하나 만들어 붙여 놓았다. '실행=답' 매일 문구를 보며 아버지가 생전 갖고 싶어 하시던 상사 계급장을 돌아가신 후에 사다 드리는 것과 같은 우를 다시는 범하지 말아야겠다고 다짐한다. 이 또한 아버지가 나에게 주신 교훈이다.

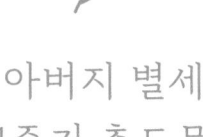

아버지 별세
1주기 추도문

　음력 2019년 12월 21일 삼가 아버님 영정 앞에 어머니와 자손들이 함께 모였습니다. 아버님께서 저희 곁을 떠나신 지 벌써 시간이 흘러 1년이 경과 되었습니다. 1년 전 아버님을 보내는 애통한 마음은 이루 형언할 수 없는 고통이었고 세상을 모두 잃은 것과 같은 아픔이었습니다. 아버님께서 90 평생을 옳고 강직한 성격으로 한평생을 사셨기에 가족은 물론 아버지를 아는 모든 이들도 안타까워했습니다. 하지만 시간이 흘러 이제 어머니와 저희는 일상으로 돌아왔습니다. 평생 저희에게 몸소 가르쳐 주신 모범이 된 삶을 저희도 잘 기억해서 봉사하고 실천하면서 열심히 살도록 하겠습니다. 오늘 어머니와 저희 곁을 떠나신 지 1주기를 맞이하여 그리운 마음을 금할 길이 없어 간소한 음식을 준비하여 추모합니다. 아버님 살아계실 때 더 잘해드리고 더 편히 모시지 못해서 안타까울 따름입니다. 아버님, 이제 하늘나라에서 편히 쉬시고 자손들 모두 보살펴 주시기를 바랍니다. 아버님 사랑합니다.

　음력 2019년 12월 일 애영, 완영, 미영, 도영 네 남매 내외와 손주들이

위 내용은 아버님께서 돌아가신 지 1주년을 맞이하여 가족들이 모였을 때 썼던 추도문이다. 나옹화상의 누님이 읊은 시 부운(浮雲)을 보면 "삶은 한 조각 구름의 일어남이요, 죽음은 한 조각 구름의 사라짐이다. 뜬구름 은 본래 실체가 없으니 살고 죽고 오고 감이 모두 그와 같도다(生也一片 浮雲起 死也一片浮雲滅 浮雲自體本無實 生死去來亦如然)"라고 되어 있 다. 인생을 잠깐 소풍 다녀가는 것으로 비유하기도 하는데, 나의 일로 당 해보니 너무나도 당연한 말인데도 불구하고 죽음이 애달프다. 서산대사 의 해탈 시를 코끝 찡하게 읽었지만, 아버님께서 떠나심은 너무 허망 하다.

남매

　남매는 한 부모가 낳은 남녀 동기를 이르는 말이다. 어머니의 옛날이야기를 들어보면 열 남매를 낳아 키운 분도 계시다 한다. 요즘 결혼하는 사람들은 한 명만 낳는 경우가 많아 형제라는 개념이 없는 사람도 많다고 한다. 더욱 심각한 건 아예 자녀를 두지 않는 일도 있다는 것이다. 인구 절벽 현상이 국가를 유지하는 한 가지 척도가 된다고도 하니 심각한 문제가 아닐 수 없다. 나는 누나 여동생 그리고 남동생 모두 합쳐 4남매다. 누나 내외는 70대 중반을 넘어 이제는 80을 바라보는 노년에 속한다. 속 깊은 누나는 슬하에 3남매를 키우며 평생을 전업주부로 살아왔고 이제는 동사무소 등에서 운영하는 노래, 요가, 댄스 등 다양한 프로그램이 참가하면서 재미를 느낀다고 한다. 아버지께서 하늘나라로 떠나신 후부터는 우리도 여느 가정처럼 맏이인 누나와 매형을 우리 집의 기둥으로 생각하고 의지하고 있다.

　2년 후면 80살이 되시는 매형은 아직도 생각과 외모가 청년이다. 매형은 청주 한씨인데 집안의 족보 편찬하는 일을 맡아서 아직도 왕성하게 활동하고 있다. 희끗희끗한 머리카락은 나이가 들어 보이기보다는 멋스러움으로 보이기도 한다. 오늘도 청바지 티셔츠에 운동화로 한껏 멋을 내고 외출하신다. 구미에 살고 있는 여동생 내외는 교육가 집안이다. 남매를 두었는데 이제는 모두 결혼해 아들, 딸 낳고 잘살고 있다. 손자만 네 명인 할머니, 할아버지로 살아가고 있다.

나보다 나이가 한 살이 더 많은 매제는 중학교 교장으로 정년퇴직했다. 경북지역에서 중등학교에 초임 발령을 받아 이곳저곳을 돌아다니면서 학생들을 가르쳤고 교장으로 명예로운 정년퇴임을 했다. 아들딸 사위 며느리 중에 교사가 두 명, 교육청 공무원이 두 명이다. 여동생도 초등학교에서 선생님으로 근무했으니 가족 구성원 6명 모두가 교육가인 보기 드문 가정이다.

4남매 중 막내는 남동생이다. 성격은 까칠하나 의사결정이 분명한 편이고 손재주가 좋기로 정평이 나 있다. 집안에서 남매간 의사결정 할 일이 있으면 가부를 정확히 하며 애매하게 의견을 제시하지 않는다. 환갑의 나이가 된 동생에게 '막내라서 그렇다'라는 이야기해도 되는지 모르겠다. 막내라서 귀엽고 귀하게 자라 그런지 아직도 그런 모습이 조금은 남아 있어 보인다. 본인은 아니라고 하겠지만 밥에 보리쌀 한 톨이라도 들어가 있으면 골을 부린다. 콩 종류가 밥에 들어가 있는 것도 싫어한다. 어머니께서 막내라고 귀엽게 키우셔서 그런가? 이게 막내의 특권인가? 하지만, 돌아가신 아버지를 닮은 부분이 많다. 톱 망치 그리고 기본적인 몇 가지 연장만 있으면 웬만한 집안의 수선은 뚝딱 해치운다. 이러한 일을 취미와 재미로 삼는 재주꾼이다.

훗날 어머니마저 하늘나라에 계신 아버지 곁으로 떠나신다 해도 누나 내외를 중심으로 우리 4남매는 지금보다 더 단단한 돌덩이처럼 남매의 정을 나눌 것이다. 형제는 용감했다는 말이 있다면 나의 남매는 우애가 있다.

동행 복권

　오후 7시 30분경 퇴근길에 복권방이 보이기에 길가에 차를 안전하게 세우고 복권방에 들어가 만 원을 내고 동행 복권 2매를 자동 번호로 구매했다. 복권이 훼손될까봐 비닐 커버에 조심스럽게 넣고 왼쪽 안주머니 지갑 옆에 깊숙이 넣었다. 자동차로 집에 가는 동안 희망찬 꿈을 꾸었다. 만약 1등 당첨이 된다면 무엇에 쓸까? 이것저것 생각하니 목구멍으로 침이 꼴깍 넘어간다. 우선 약간의 빚도 갚아야 하고, 나이 들어서 소일거리 할 농지도 조금 사고, 형제들 조금씩 나누어주는 기쁨도 누려보고, 평소에 많이 내지 못했던 장학금도 조금 내고…. 갑자기 왜 이리 돈 쓸 곳이 많은지 혹시 1등 당첨이 된다고 하더라도 모자랄 것 같다. 하지만 집에 도착한 후엔 어머니께 인사드리고 씻고 밥 먹고 여느 때와 마찬가지로 시간을 보내느라 복권 산 것을 까마득하게 잊었다.

　어느 날 안주머니를 뒤지다 며칠 전에 산 복권이 손에 잡혔다. 갑자기 얼굴이 확 달아오른다. 만약에 1등에 당첨이 되면 어쩌지? 1등에 당첨된다면 어디에서 찾는 것인가? 옷은 정장을 입고 갈까 아니면 돈이 없는 사람처럼 보이기 위해 청바지와 점퍼를 입을까? 1등 당첨 소식을 아내에게 먼저 알려야 하는지 아들에게 알려야 하는지? 왜 이렇게 걱정되는 것이 많은지 모르겠다. 인터넷을 통해 조심스럽게 또박또박 번호를 입력했다. 만약에 1등 당첨된다면 걱정되는 것이 한둘이 아니다. 형제들에게는 얼마씩 나누어 줄까? 소일거리 농지를 사고 이전등기하는 법무사는 어디로 하는 것이 좋을까? 상상은 자유이니까 마음껏 했다. 첫 번째 복권 번호 입력을 마치고 확인 버튼을 누르는 순간 나도 모르게 입가에 웃음이 번지고 있었다. 답은 뻔했다.

이어서 두 번째 복권 번호를 신중하게 입력했다. 확인 버튼을 누를까 말까 스스로 나에게 물어보았다. 천천히 누르라고 한다. 가슴이 쿵쾅거린다. 60개의 숫자 중에서 6개의 숫자가 맞기는 했지만, 등수 안에 들어간 건 하나도 없었다. 소위 말하는 '꽝'이다. 혹시나 인터넷 자료가 잘못될 수 있다는 엉뚱한 생각을 하면서 휴대폰에 깔아둔 QR코드 스캐너를 통해 당첨되었는지 다시 확인했다. '아쉽게도, 낙첨되었습니다'라고 명쾌한 답을 준다. 형제들에게 돈을 나누어 주지 못해서 어쩌지? 장학금 기부는 열심히 장사해서 돈 벌어서 내야겠다. 당첨금 찾으러 은행 갈 때 입고 갈 양복 세탁하지 않아도 되겠다. 복권 판매로 인해 얻어진 복권기금은 취약계층을 위한 다양한 공익사업에 사용된다고 한다. 오늘도 나는 공익사업에 사용된다는 복권기금에 만 원을 썼다. 사무실 게시판에 붙여놓은 무한불성(無汗不成: 땀 흘리지 않고는 어떤 일이든 이룰 수 없다)이라는 사자성어가 눈에 들어온다.

올케한테 잘해

　오빠나 남동생의 아내를 올케라고 한다. 나에게는 누나와 여동생이 한 명씩 있다. 내가 어머니를 모시고 살고 있기에 누나와 여동생이 올케인 내 아내에게 전화를 자주 하는 편이다. 그 이유는 아마 '우리 엄마 잘 부탁해'라는 내용이 분명할 것이다. 딱히 세보진 않았지만 아마 일주일에 한 번 이상은 통화를 하는 것으로 알고 있다. 시누이들에게서 전화가 온 날이면 대부분 남편인 나에게 이러쿵저러쿵 전화 통화했다고 말을 하기에 자주 통화하고 있다는 걸 알고 있다. 먼 훗날 어머니께서 먼저 돌아가신 아버지 옆으로 가시더라도 올케와 시누이 사이에 친자매와 같은, 아름다운 통화가 오고 가는 사이가 지속되었으면 하는 바람이다.

　나도 누나, 여동생과 자주 전화 통화를 하는 편이다. 누가 먼저랄 것 없이 먼저 전화를 거는데, 통화의 마지막은 늘 '올케한테 잘해'다. 흘려 넘길 내용이 아닌 것 같다. 피한 방울 섞이지 않은 남편과 살면서 시부모를 모시고 산다는 것이 결코 쉬운 일은 아니리라 생각한다. 시부모와 함께 살면서 시시콜콜 문제로 삼는다면 정말로 힘든 나날의 연속일 것이다. 반찬 투정, 화장실 사용 문제, 필요 없는 전열기구를 끄지 않는 것, 머리카락 빠지는 것 등 일일이 열거할 수 없을 정도인데, 이것들이 문제가 된다고 상상해 보자. 난감한 상황이다. 이런 상황에서도 지금까지 큰소리 나지 않고 살아가고 있는 것은 어찌 보면 작은 행복이라 생각된다. 아마 누나와 여동생이 보기엔 살얼음판을 걷고 있지 않나 걱정할 수 있을 것 같다. 그도 그럴 것이 나의 어머니가 1929년생이므로 올해 95살이 되신다. 적은 나이가 아니니 혹시 치매 증상이라도 있으면 어떻게 해야 하나 걱정할 수 있다. 하지만 아직은 우려할 만한 문제가 발생하지 않았으니 다행이라고나 할까? 이런 상황을 누구보다 더 잘 알고 있는 누나와 여동생이 올케인 아내에게 잘하라고 하는 것은 너무나 당연할 것이다. 내가 꼼꼼하게 챙겨주지 못한다면 아내가 불만을 가질 것이고 그것은 결국 어머니께 화가 돌아갈 것은 불 보듯 뻔한 사실이다. 그러므로 누나와 여동생과 통화를 하게 되면 마지막 말이 '올케한테 잘해'인 것이다. 결론은 버킹검이다.

며느리 좋네요

'며느리 좋네요'라는 말이 어순에 맞고 통상적으로 사용하는 말일까? 글쎄, 이 말을 직접 들은 나는 대강 알 수 있지만 다른 사람들은 앞뒤 모두 자르고 '며느리 좋네요'라고 말하면 무슨 말인지 알아들을 수 없을 것 같다. '며느리가 참 착한 사람인 것 같아요' 정도로 해석하면 될까? 내용은 이렇다. 새벽에 아내와 함께 어머니를 모시고 목욕을 나섰다. 목욕탕 2층은 여자, 남자는 3층이었다. 어머니를 모시고 아내와 엘리베이터에 탔는데 일흔 살은 되어 보이는 남자분도 함께 타고 있었다. 어머니와 아내가 2층에 내리고 나와 또 다른 분만 타고 3층까지 올라갔다. 엘리베이터 안에 남자 둘이 있었던 시간은 넉넉잡아 10여 초로 보면 될 것 같다. 그 10여 초 동안 남자분과 대화를 나누었다.

"장모님이세요?"
"아니요. 어머닙니다."

"며느리가 좋네요."

이것이 그 남자분과 내가 나눈 대화의 전부다. 생각해 보건대 그 남자분이 볼 때, 아들, 며느리가 노모를 모시고 목욕하러 가는데 딸이 아닌 며느리가 시어머니를 모시고 다니는 것이 좋아 보였던 것 같다. 정확히 어떤 의미로 그런 이야기를 했는지 모르겠다.

새벽에 목욕을 가면서 그분께 들었던 말을 들으면서 여러 가지로 생각이 든다. 어머니를 모시고 사는 내가 좋아 보였을 수 있고, 며느리가 친정어머니가 아닌 시어머니를 모시고 목욕 다니는 게 의아해 보였을 수 있다. 아니면 그분이 일흔 살은 넘어 보이던데 그분도 본인의 어머니를 그려보는 시간이 되었을 수 있다. 어찌하였든 새벽에 목욕탕을 가면서 별로 싫지 않은 말을 들어 오늘 아침도 발걸음이 가볍다. 아흔다섯 살이 되신 시어머니를 모시고 목욕을 다니는 아내에게 고마운 생각이 든다.

목욕탕 갈 때
아내는 자동차 키를 챙긴다

　겨울철에는 집에서 샤워하기가 다소 어설프기에 아내와 함께 어머니를 모시고 아침 6시경에 목욕탕을 종종 다녀온다. 내가 운전하여 다녀오는 것이 보통이다. 그런데 나중에 안 일이지만, 내가 운전해 갈 때도 아내가 자동차 열쇠를 가지고 다닌다는 것이다. 같이 목욕탕에 갈 때 아내가 자동차 키를 가지고 나가는지 아니면 그렇지 않은지를 확인하는 남편은 아마 없으리라 생각한다.

　목욕탕에 들어갈 땐 몇 시에 나와서 만나자고 약속하고 들어가고 나오는 것이 일반적이다. 하지만 목욕을 마치고 나올 땐 어느 한쪽이 먼저 나오거나 늦을 수 있다. 예를 들어보면, 어느 추운 겨울에 자동차를 운전하고 온 내가 다소 늦게 나온다면 아흔다섯 살 어머니를 모시고 목욕을 마친 아내가 먼저 나와 자동차 앞에서 벌벌 떨고 있을 것이다. 짧은 시간이지만 이제나저제나 남편이 나올 때를 기약 없이 기다리는 불편함이 분명히 있을 것이다. 물론 아내도 춥겠지만 연세가 많으신 어머니의 건강을 염려했을 것이다.

어느 날 셋이 목욕하러 갔는데 내가 목욕을 마치고 조금 늦게 나왔다. 그런데 시동이 걸려있고 히터가 틀어져 있는 차 안에 아내가 어머니를 모시고 앉아있는 것이 아닌가? 분명 나의 손에 자동차 키가 쥐어져 있는데 시동을 켜고 차 안에 앉아있다? 순간 뭔가 이상하다고 생각했다. 그렇다. 아내는 이럴 때를 대비해 습관처럼 자동차 키를 챙긴 것이다. 이것을 어떻게 생각하여야 하는가? 남편을 못 믿는 것인가? 준비성이 철저한 것인가? 어느 쪽이든 간에 목욕을 바로 마치고 나온 새벽 시간에 차 밖에서 벌벌 떨지 않고, 히터가 켜져 있는 차 안에 있어서 다행이다. 아내가 자동차 키를 습관처럼 가지고 다니는 것이 남편을 믿지 못하기 때문에 그런 것이 아니고 준비성이 철저하다 보는 게 우세하지 않을까?

아내의 여행

　인터넷에 '삼단논법'을 검색해 보면 '철학, 논리학, 수학 등에서 대전제와 소전제로부터 결론을 끌어내는 논증 방법을 말한다'라고 간단히 정리되어 있다. 흔히 예를 드는 것을 보면 '모든 사람은 죽는다. 소크라테스는 사람이다. 소크라테스는 죽는다'와 'A = B이고, C = A이면, B = C이다'라고 되어 있다. 이것은 틀림없는 사실이다.

　이번에 아내는 친구들과 가까운 이웃 나라 일본으로 짧은 여행을 다녀왔다. 그동안 아내가 친구들과 계를 만들어 운영하고 있었는데 어떤 이유에서인지 그 계를 깨야 하는 상황이 발생했다고 한다. 그래서 그동안 모아 두었던 곗돈의 처분을 두고 상의하다 도로 나누어 주는 것보단 여행을 가자는 것으로 결론을 내, 이번 여행이 이루어졌다고 한다.

　나는 올해 95살 되신 노모를 모시고 산다. 나 혼자서 일방적으로 모시고 사는 것이 아니라 아내의 동의하에 모시고 사는 것이다. 시부모를 모시고 산다는 자체가 불편함이요, 시집살이라고 생각하는 것이 통상적인 생각일 것이다. 그뿐만이 아니라 아내는 환갑을 넘긴 나이임에도 불구하고 나와 함께 출근해 온종일 일도 한다. 자영업이기에 중간중간 짧게 시간을 낼 수는 있겠지만, 전업주부만큼 여유롭지는 못한 상황이다. 집에서는 시어머니를 모시고 있으니, 낮에는 사무실에 출근하여 동동거리며 업무를 보느라 퇴근을 하면 몸이 천근만근일 텐데 시어머니 수발에 많은 시간을 할애한다. 남편 처지에서 볼 때 안타까운 생각이 든다. 환갑이 넘은 나이에, 손주도 있는 상황에 쉬고 싶을 텐데 새벽부터 밤늦게까지 회사업무와 가사를 병행하니 많이 힘들 것이다. 따라서 잠시라도 집과 사무실을 벗어나 친구들과 떠들면서 하고 싶던 것도 하고 먹고 싶은 것도 먹고 하면서 나만의 시간을 보낸다면 다소나마 활력을 찾고 재충전할 기회가 될 것이다. 짧은 기간이지만 여행을 마치고 온다면 아내가 행복감을 느낄까? 아마 그럴 거라는 생각이 든다. 그렇게 여행에서 돌아오면 시어머니를 모시는 등 일상적인 가정일에도 더욱 애착을 가질 것이고 사무실에서의 업무도 능률이 오를 거라고 기대해 본다.

'행복하면 능률이 오른다. 여행하면 행복하다. 여행하면 능률이 오른다.' 위에서 이야기한 삼단논법에 맞는 것일까?

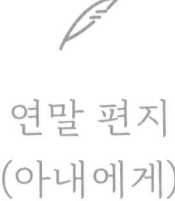

연말 편지
(아내에게)

여보!

당신은 저에게 이렇게 불러주는데 정작 저는 한 번도 불러보지 못했군요.

여보? 약간은 쑥스럽고, 나이 들어선 잘 안 쓰는 표현이라 다소 어색하군요. 호칭이야 어찌 되었든, 뭐라고 부르든 사랑이 가득 담겨있으면 된다고 생각해요. 그렇지 않나요?

거슬러 올라가면 우리가 1987년에 만나서 사랑하고 결혼하고 아들 딸 낳고 현재까지 살아오고 있는데 정작 행복했나요?

만약 당신이 저에게 물어 온다면 저는 당연히 "예"라고 대답할 자신이 있어요. 물론 당신이 생각하는 감정은 다를 수 있다고 생각합니다.

이제 우리도 중년의 나이에 들어서는 과정입니다. 아이 낳고, 시부모 봉양하면서 살아온 당신이 새삼 고맙게 느껴지네요.

왜 이런 생각이 들까요? 지금까지는 삶을 건성으로 살아왔지 않았나 하는 생각이 드네요. 제가 이제 철이 드나 봅니다.

이제부터 시작입니다. 그동안 서운했던 것이 있었다면 이 편지를 받는 즉시 앞만 보면서 새로운 계획을 세웁시다.

한 가지 부탁이 있다면 당신의 건강을 위해 당신 스스로 관리하도록 하세요. 올해 한 해 가정을 위해 수고한 당신에게 감사하며 내년에도 건강하고 정이 넘치는 가정이 되도록 하세요.

여보 사랑해요.
2008. 12. 31

위 내용은 매년 이루어지는 가족회의에서 2008년 말에 아내에게 준 편지입니다. 15년여가 지난 지금 생각해 보니 한 가지 아쉬운 점이 있습니다. 시부모 이야기는 하면서 친정 부모님과 친정 형제들에 대한 단어는 한 개도 없었습니다. 지금이라면, 친정 식구에 대한 단어를 넣고 친정 부모님과 형제들에 대한 감사와 위로가 있었더라면 아마 시부모님께 더 잘했을 수 있는데…. 너무 바람이 큰 것인가?

지구를 사랑해요

    2023년 1월에 들어서서 삼한사온이 사라지고 추운 날만 계속되는 것으로 느껴진다. 또한 전년에 비해 눈이 자주, 많이 오기도 한다. 지구 온난화로 인해 북극의 빙하가 녹아내리고 지구 반대편 어디에서는 홍수에 난리가 나고, 또 다른 곳에선 산불로 몇 날 며칠을 화재와 싸운다는 보도를 접하기도 한다. 이런 사태의 원인은 지구를 이용하고 있는 인류가 자연을 훼손하고 화석연료를 많이 사용하는 것에서 찾을 수 있을 것이다. 이에 따라 새마을운동 중앙회에서는 중점운동 중 하나로 생명 운동을 꼽았다. 탄소중립(이산화탄소를 배출한 만큼 흡수하는 대책을 세워 이산화탄소의 실질적인 배출량을 0으로 만드는 개념) 문화 조성, 200만 그루 나무 심기와 에너지 및 화석연료 사용 상품 30%를 감축하는 운동에 동참하고 있다. 또한 SNS 등을 활용해 올바른 분리배출 방법, 5R[1] 홍보 등을 통해 자원 재활용률을 높이고 생활 속에서 낭비되는 자원을 최소화하자는 자연 순환 실천도 하고 있다. 하나뿐인 지구 사랑하고 아껴야 할 것이다.

---

1) 거절하기(Refuse), 줄이기(Reduce), 재사용하기(Reuse), 재활용하기(Recycle), 썩히기(Rot)
<참고자료: 새마을운동중앙연수원(2022년 전국회장단 정책연 찬)>

어려운 결정

누구나 인생을 살아오면서 어려운 상황을 헤쳐 나가기 위해 결정해야만 하는 순간이 있었을 것이다. 흔히 솔로몬의 지혜를 빌린다고들 하는데 그 정도는 아닐 수 있지만, 결정하기 어려운 상황에서 이럴까 저럴까 판단이 망설여지는 상황은 분명히 있을 것이다. 최근의 일을 예를 들어보자. 옥천군 새마을회는 몇 년에 한 번 있을까 말까 한 여행 계획이 잡혀 있었다. 항공권을 비롯해 호텔 예약까지 마치고 출발이 코앞으로 다가왔는데, 국가적인 사건이 발생했고 애도 기간이 지정되어 불요불급한 행사는 모두 취소하거나 연기하는 상황이다. 어떻게 하는 것이 좋을까?

옥천군 새마을회에서 회원들의 자질 향상을 위한 교육 위주의 제주도 워크숍이 계획되어 있던 상황이었다. 하지만 출발 3일 전에 있었던 핼러윈데이 날 서울 이태원에서 큰 사고가 발생해 2백여 명이 넘는 사상자가 나왔다. 이에 중앙정부는 일주일간 국가 애도 기간을 선포한다. 사고 수습을 최우선으로 하는 것이 당연한 처사이다. 그러면 옥천군 새마을회는 어떻게 해야 하는가? 몇 달 전부터 계획되어 있었던 행사인 탓에 이를 취소하거나 연기하면 여러 가지 문제가 발생할 것이다. 관련 기관과 새마을 회 회장단에서는 이 문제를 가지고 많은 토의와 고민을 했었다. 이 상황을 감수하고 어려운 결정을 해 행사를 진행했을 때와 반대의 선택을 했을 때는 각기 장단점이 있었을 것이다. 결론은 힘든 시기이지만 "아주 엄숙한 분위기에서 워크숍 행사를 진행하자"라는 것이었다. 이후 돌다리도 두드려 보고 건너가듯 행사를 진행한 결과 교육을 포함한 2박 3일간의 행사는 아주 작은 사건·사고 없이 잘 마무리되었다.

 이 글을 쓰면서 그 당시 이 이태원 사고 희생자들과 유가족분들께 심심한 위로의 말씀을 드린다. (이태원 사고 2022. 10. 29)

바지 뒷주머니
손수건

    손수건을 가지고 다니는 사람들에게 어느 주머니에 손수건을 넣고 다니는지는 중요하지 않다. 하지만 사람마다 사용이 편리한 방향은 모두 다를 것이다. 어떤 사람은 상의에, 어떤 사람은 바지 오른쪽 앞주머니에 넣을 수도 있다. 나의 경우 특별한 경우를 제외하고 바지 오른쪽 뒷주머니에 넣고 다닌다. 땀을 닦거나 오물을 제거하는 용도로 사용했던 손수건이지만 어디서나 쉽게 구할 수 있는 휴지로 굳이 손수건을 가지고 다니지 않아도 된다. 또한 휴지는 물티슈, 청소포 등 용도에 따라 기능성 용품으로 개발되어 편리하게 사용할 수 있다.

    나는 어렸을 때부터 주머니에 손수건을 넣고 다니는 것이 습관이다. 오랜 기억이라 정확하지 않지만 초등학교 때는 교복 왼쪽 가슴에 흰 손수건을 달고 다녔을 것이다. 하지만 사회인이 되고 지금까지 줄곧 손수건을 가지고 다닌 것은 확실하다. 이 습관은 아버지의 영향을 받은 것 같다. 어머니는 아버지가 언제든 사용할 수 있도록 손수건을 곱게 다리셨다.

　손수건은 여러 가지 의미가 있는데 예로부터 이별을 의미하는 물건으로 선물로는 적당하지 않았다. 반대로 노란색 손수건은 누군가가 돌아오기를 기원을 뜻한다. 또한 손수건은 체온을 유지하기 위해 목에 두른다거나 야외에서 깔개로 사용하는 등 생활 속에서 다양하게 사용된다. 여러 용도와 의미가 있는 손수건이지만 오래전부터 손수건을 사용하는 나에게도 의미가 있다. 편리하게 사용하는 손수건 말고 자원을 아낀다는 나만의 의미가 있다. 공중화장실에 가면 페이퍼타월과 열풍기를 이용해 손의 물기를 제거한다. 이 두 가지는 소중한 자원을 낭비하는 요소라고 생각한다. 주머니에 손수건 하나 넣고 다니는 것, 작지만 자원을 아끼는 것에 한발 다가설 수 있다고 생각한다.

　나부터 시작한 이 작은 행동에 나름 자부심도 느낀다. 자원을 아끼는 일에 혼자는 작은 행동이지만 여럿이 함께 한다면 큰 활동이 될 테지만 주변 사람들에게 강제할 수 없다. 그저 부지런히 내가 할 수 있는 일을 하며 자연스럽게 동참할 수 있기를 바란다. 언젠가 내가 속한 모임에 책과 손수건을 선물 한 적이 있다. 선물로 손수건을 준비한 이유를 설명해 이별로 생각하는 오해는 없었겠지만, 환경을 위한 진심을 알아주었으면 좋겠다.

나의 운동(2)

나의 운동 세 가지 중 두번째로 소개할 세 번째 운동은 하루 1만 5백 보 이상 걷기다. 보통은 5천 보, 1만 보 등 단위를 끊어 목표를 정할 텐데 나는 1만 5백 보가 목표다. 다른 이들보다 다만 5백 보라도 더 걸어보자는 욕심에 목표를 그렇게 정했다. 일상적인 걷기를 운동으로 하는 경우가 있다. 나는 하루 1만 보 이상 걷기 시작한 지 8년 됐다.

보험회사에서 운영하는 앱이 있다. 보험에 가입하면 앱을 이용할 수 있는데 최소 걷기 목표를 부여한다. 하루 목표를 달성하면 약속한 포인트를 부여하고 1개월 단위 목표를 달성하면 보너스 포인트를 추가로 주는 형식이다. 목표를 달성하면 주어지는 포인트는 현금처럼 사용할 수 있다. 회원이 걷기를 통해 건강해지면 보험회사에서 지급할 보험료가 줄어들 것이라는 논리로 만든 것 같다.

나는 걷기를 통해 건강을 지키고 보험회사는 지출되는 보험금을 줄이는 것이니 이것이야말로 꿩 먹고 알 먹기. 이 얼마나 좋은 관계인가? 그런데 3년이 지난 뒤로는 목표 달성했을 때 주어지는 포인트가 확 줄었다. 그래도 3년이 지나 습관이 되었으니 포인트와는 관계없이 더 열심히 걷고 있다. 포인트를 쌓으며 열심히 걷던 날과 달리 하루 1만 보 이상 걷지 않은 날은 뭔가에 쫓기는 것 같고 스스로 죄책감이 든다. 이 정도면 중독이라고 해도 이상하지 않으면서 앱에 내가 잘 길든 것 같기도 하다. 앱 없이도 걷기 운동을 열심히 해서 건강한 삶을 가지면 좋겠다. 1만 시간의 법칙이라는 것이 이런 것 아닐까?

예순다섯의 소회

평소 가깝게 지내는 친구에게 안부 전화를 했다. 반가운 목소리로 전화 받은 친구에게 "형인데"라고 말했다. 그 친구는 가당치 않다는 듯 "네가 내 형이면 나는 너의 삼촌이다"라고 농담으로 받아쳤다. 평소 친구들 사이에서 한 살이라도 나이를 부풀려 자신을 돋보이고 싶어 하는 감정이 있었다. 특별히 대접받는다기보다는 그저 우쭐거리고 싶어 하는 실없는 행동이고 말이었는데 고교 시절에는 더 그랬던 것 같다. 고등학교를 졸업한 지 50여 년이 되어가는 지금은 어떨까? 지금도 간혹 위와 같은 농담을 하는 경우가 왕왕 있지만 예전에 비하면 횟수도 확연히 줄고 무엇보다 이제는 그럴 이유가 없다.

"여행은 가슴 떨릴 때 가야 해. 다리 떨릴 때 말고!"라는 말을 들은 적 있다. 회식 자리에서 건배사를 할 때도 '건강을 위하여', 전화 통화 시작과 끝에도 건강 관련 인사를 건넬 만큼 나이, 여행, 건강에 관한 이야기가 심심

찮게 나오고 있다. 그만큼 건강을 우선으로 생각할 때라는 것을 실감하고 있다. 나는 이제 60대 중반을 넘어섰다. 5~6년 전에 이런 생각을 한 적이 있다. 통상적으로 공무원이 60살 전후에 퇴직하는데 건강한 사람은 선별적으로 정년 나이를 늘려주면 좋겠다고…. 신체와 정신이 건강해 충분히 일할 수 있는데 정해진 나이가 됐다는 이유로 직장을 떠나야 한다면 귀한 자원을 낭비하는 것으로 생각했다.

이제는 생각이 바뀌어 '나이는 속일 수 없구나'라고 생각한다. 내가 65살이 넘어가다 보니 드는 생각이다. 얼마 전 집안에서 가벼운 일을 하다가 벽 모서리에 무릎 종발 뼈를 부딪쳤다. 잠시 꼼짝도 못 한 채 서서 아픔을 달래고 있었다. 일주일 정도 지나고 나니 계단을 오르내리거나 걷는데 크게 지장이 없을 정도로 나아졌다. 살고 있는 집안 벽 모서리에 무릎을 부딪힐 것이라고는 생각도 못 했다. 또 순발력이 떨어지는 것 같다는 생각이 확연히 들었다. 운전할 때 더욱 집중이 필요한 횡단보도에서 최대한 조심한다. 하지만 지금보다 젊었을 때보다 확실히 시야가 좁아지고 돌발 상황 대처 능력이 떨어지는 것 같다고 생각한다. 횡단보도를 건너려는 사람이 있는데도 그것을 보지 못하고 급정거하는 경우가 있다. 그것도 자주. 이러다 '사고를 낼 수도 있겠구나' 생각에 식은땀이 나곤 한다. 위 이야기처럼 나이가 들면서 마주하는 상황과 거기에 느끼는 감정이 새롭다. 65살을 넘기면서 나이에 관해 든 생각, 우리나라는 65세가 넘으면 노인으로 인정해 그에 따른 혜택을 받을 수 있다. 그렇다면 나는 노인인가?

그도 나를
진정한 친구로 생각할까?

    나는 그를 친구로 생각하고 있는데 그는 나를 친구로 생각하지 않는다면 이만큼 황당한 일이 어디 있을까? 그것이야말로 짝사랑인데, 아마 그런 경우도 있을 것이다. 친구라는 단어를 자주 그리고 많이 쓰고 있는데 아주 귀하디귀한 단어인 것 같다.

    친구는 가깝게 오래 사귀어 정이 두터운 사람을 뜻한다. "친구란 두 개의 몸에 깃든 하나의 영혼이다"라고 아리스토텔레스는 말했고, "보지 않는 곳에서 나를 좋게 말하는 사람이 진정한 친구이다"라고 토마스 풀러가 말했다. 그만큼 친구는 보약 같은 존재라고 생각해도 과한 말이 아니다. 누구나 일상을 살아가면서 여러 일을 겪게 된다. 좋은 일도 있지만 어렵고 궂은 일에 직면할 때도 있다. 그럴 때면 누군가에게 기대고 싶고 응석을 부리고 싶고 투정을 부리고 싶을 때도 있다. 그때마다 누군가를 떠올리게 된다. 가장 먼저 생각이 나는 사람이 친구일 것이다. 물론 아내나 부모님 형제자매가 될 수도 있다. 나는 스스로 사귀는 사람의 폭이 그리 넓지 못하고 깊이도 깊지 못한 편이라고 생각하기에 항시 아쉬움이 남아있었다. 그러나 이것을 해결하는 데는 돈이 많다고 시간이 있다고 해결되는 것이 아니다. 오롯이 나의 마음속이 있는 것이다.

내가 진짜 친구로 생각하는 사람이 몇 명 있다. 가끔은 만나서 식사도 하고 전화나 메신저를 통해서 안부를 전하기도 한다. 하지만 나의 마음을 홀랑 벗겨놓고 속마음을 털어놓지는 못한다. 서로에게 마지막까지 남아있는 알량한 자존심도 있고 해서 끈으로 잴 수 없는 적절한 거리를 두고 있다. 그러다 보니 나의 교우관계가 깊지도 못하고 넓지도 못한 것 아닌가 하는 생각이 든다. 한편 친구가 많다고 하더라도 중요한 문제는 내가 생각하는 만큼 그 친구도 나를 친구로 생각하는가 하는 것이다. 그렇다고 문제 풀듯이 그 친구에게 물어서 답을 받아올 수도 없는 노릇. 그렇기에 겉으로 드러내고 서로를 견제하는 일은 절대 없다.

내가 진짜 친구라고 생각하는 사람 중의 한 사람을 소개한다. 묘산이라는 호를 가진 친구인데 대학교에서 강의도 했고 건강한 정신과 신체를 가진 친구이다. 여러 사람이 모여 있을 때 좌중의 중심에 설 수 있는 언변은 물론이고 유머까지 갖춘 꽤 괜찮은 친구이다. 나보다 어려운 이웃을 만나면 어떤 방법을 동원해서라도 도와주려고 안간힘을 쏟는 따뜻한 가슴을 가진 봉사자이기도 하지만 그러다 보니 어떤 때는 본인이 손해를 보기도 한다. 친구들 사이에서 옳고 그름을 판단할 때 한 치의 망설임도 없이 정의를 대변하는 곧은 마음을 가지고 있다. 이처럼 건강한 정신과 신체, 유머 감각, 따뜻한 가슴, 분명한 사리 판단력을 갖춘 친구, 이만하면 친구로서 가까이하고 싶은 사람 아닐까? 그래서 나는 이 친구를 나의 진정한 친구로 생각하는 한편 의지를 하기도 한다. 그런데 한 가지 중요한 것이 있다. 그 친구도 나를 진정한 친구로 생각하고 있을까? 그것이 문제로다. 나는 너를 친구로 생각하는데 너도 나를 친구로 생각하느냐고 물어볼까?

3장

이곳저곳 노닐다

입구 산악회

어떤 사람에게 취미가 뭐냐고 물었더니 등산이라고 대답했다. 요즘 건강관리를 위해 산에 오르는 사람들이 많다. 내가 어렸을 적 할아버지는 "배 꺼지게 왜 그렇게 뛰어다니느냐"고 야단을 치기도 하셨다. 먹고살기 힘들었던 시절 먹거리와 운동량을 이야기하는 것이니 얼마나 슬픈 이야기인가? 반대로 지금은 먹거리가 풍부하다 못해 영양소를 과다 섭취하여 이를 소비하기 위해 운동을 하는 경우가 많다. 건강관리를 위해 운동을 하는 게 일상이 되어버린 시대, 격세지감이다.

요즘 산악회를 주변에서 쉽게 볼 수 있다. 정기적으로 모이는 산악회는 물론 비정기적으로 회원을 모아 운영하는 산악회, 회사나 단체에서 운영하는 산악회 등 저마다 특성 있는 산악회가 많다. 건강을 위해 산에 오르는 것을 목적으로 하는 경우도 있을 수 있고, 사람을 만나기 위해 친목 목적으로 산을 오르기도 한다. 또한 여유시간이 생기거나 마땅히 할 일이 없는 시간을 보내려고 등산을 취미라고 하는 사람도 있을 것이다. 나도 산악회 회원으로 열심히 등산한다. 연령층이 다양해 젊은 청년부터 많게는 80세 되는 회원까지 있다. 나는 2개월에 한 번씩 등산을 다니는데 체력 증진보다 친목 위주의 산악회라고 해야 맞을 것 같다. 전국에 있는 산 중에서 전문가들이 다니는 난코스의 산을 제외하고 관광 겸 무난히 다닐 수 있는 산을 선택하여 다니는 경우가 대부분이다. 험한 산을 다니는 것은 아니지만 각자의 체력에 따라서 목적지를 정한다. 정상까지 오르는 회원도 있고 중간에서 자연을 즐기고 마음을 정화하는 데 시간을 보내는 회원도 있다. 산 중간까지 오르고 오롯이 내 시간을 즐기는 회원들을 소위 '입구 산악회'라고 한다. 나도 입구 산악회 중 한 명으로 일상에서 느끼지 못하는 시간을 보낸다. 복잡한 시가지에서 느끼기 어려운 하늘거리는 바람결을 느낀다. 또 길가에 피어있는 이름 모를 꽃이 나를 반겨주기에 서로 인사하며 무언의 대화를 나누기도 한다. 산악회 속 또 하나의 산악회인 입구 산악회도 꽤 괜찮다.

시간과 자연을 즐기기 위해 등산을 할수록 그 옛날 할아버지의 말이 생각난다. 배 꺼지게 뛰어다닌다고 야단치던 그 말이 꼭 들어간 가수 진성이 부른 '보릿고개'라는 가요 하나를 소개한다.

[보릿고개]
아야 뛰지 마라 배 꺼질라 가슴 시린 보릿고개 길
주린 배 잡고 물 한 바가지 배 채우시던 그 세월을 어찌 사셨소
초근목피에 그 시절 바람결에 지워져 갈 때

어머님 설움 잊고 살았던 한 많은 보릿고개여
풀피리 꺾어 불던 슬픈 곡조는 어머님의 한숨이었소
아야 우지 마라 배 꺼질라 가슴 시린 보릿고개 길
주린 배 잡고 물 한 바가지 배 채우시던 그 세월을 어찌 사셨소
초근목피에 그 시절 바람결에 지워져 갈 때
어머님 설움 잊고 살았던 한 많은 보릿고개여
풀피리 꺾어 불던 슬픈 곡조는 어머님의 한숨이었소
풀피리 꺾어 불던 슬픈 곡조는 어머님의 통곡이었소

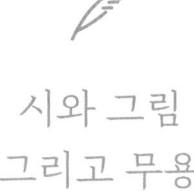

시와 그림
그리고 무용

  얼마 전 옥천학연구소 정기총회에 참석했다. 옥천학연구소는 옥천문화원 부설 단체로 옥천군의 역사, 문화, 예술, 문학, 환경 등 제반 분야에 대한 조사, 발굴 및 연구를 통해 옥천의 위상을 정립함으로써 애향심을 고양하고 옥천 정체성 확립을 목적으로 하는 단체이다.

  옥천을 일부 안다고 할 수 있는 옥천 주민에게 옥천에 관해 이야기해 보라고 하면 과연 무엇을 이야기할 수 있을까? 만약 나에게 묻는다면 이렇게 대답할 것 같다.

  "옥천은 대한민국 남한의 중심에 있어(청성면 장연리 배꼽마을) 교통의 중심지이다. 그로 인해 택배회사가 많다. 또한 대전과 청주에 걸쳐 중부권 식수를 공급하는 중요한 역할을 하는 대청호가 있다. 많은 사람이 먹는 물의 질을 향상하기 위해 많은 부분을 포기해야 하는 개발 제한 지역이기도 하다. 다른 지역과 마찬가지로 농업이 발달하여 맛있는 과일이 많다. 정지용 생가와 육영수 생가가 있다."

뭐 이런 정도. 표면적으로 보이는 것은 위에서 열거한 내용들이 뼈대를 이룰 것이다. 하지만 보이는 것만으로는 뭔가 허전한 부분이 있다. 바로 이 부분을 채워줄 수 있는 것이 옥천학연구소다. 이름도 멋지지 않은가? 옥천학연구소 회원들은 나이와 직업도 다양하다. 흥미로운 것은 위 제목과도 연계가 되는데 시, 그림 그리고 무용이었다. 글도 쓰지만 주로 시를 쓰는 회원, 그림을 그리는 회원도 있다.

한국화를 주로 그리던 회원은 농사일도 하며 그림을 그리는 멋진 분이었다. 시를 쓰면 그림이 연상이 되고 그림을 그리면서 시를 쓰는, 아주 밀접한 관계를 만들 수 있을 것 같다. 거기에 더해 한국무용을 하는 분도 있었다. 시와 그림 그리고 무용을 엮어 옥천을 연구한다고 하면 환상의 결과물이 나올 것이라고 기대한다. '오늘 내가 읽는 책, 만나는 사람, 그리고 자주 가는 장소가 나의 미래를 결정한다'라는 말이 있다. 오늘 내가 만난 사람들이야말로 미래가 기대되는 사람들이다.

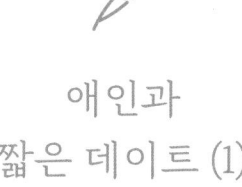

애인과
짧은 데이트 (1)

　매우 짧은 시간을 이르는 말로 흔히 '눈 깜짝할 사이'라고 한다. 서로 불편한 관계에 있는 사람끼리 만나서 시간을 보내게 된다면 10분만 앉아 있었는데도 1시간이나 된 듯이 몸이 뒤틀릴 것이고 시계를 자주 들여다볼 것이다. 좋은 사람과 만나면 눈 깜짝할 사이에 시간이 흘러가는 것처럼 느껴질 것이다. 특히 애인과의 만남은 더욱더 그럴 것이다. 5년 전 결혼한 큰딸과 단둘이 만나 식사도 하고 커피도 한잔하자고 약속했었다. 약속했던 것을 미루고 미루다 결국 오늘에야 회포를 풀었는데 눈 깜짝할 사이 시간이 흘러가 버렸다. 눈에 넣어도 아프지 않을 네 살짜리 외손녀가 있는데, 어린이집에 가 있는 시간에 딸과 만난 것이다. 점심 메뉴는 딸이 골라 정한 토속적인 파를 듬뿍 넣은 육개장으로 먹고 카페로 자리를 옮겨 커피도 한잔했다.

　대전역을 중심으로 동쪽 편이 소제동 지역인데 아직 개발되지 않고 옛

모습이 보전된 곳이다. 그 중심으로 하천이 흐르고 양쪽으로는 지은 지 아주 오래된 주택들이 빼곡하게 들어서 있다. 오래전에는 철도청에 근무하는 분들이 많이 살았다고 해 '철도관사촌'이라는 별명이 있는 곳이기도 하다. 대전에 있지만 은행동이나 둔산동에 비하면 격세지감을 느낄 정도로 개발이 더딘 곳인데 최근 들어 카페, 음식점, 공방, 책방이 들어서며 전국적으로 유명해져 서울에서도 방문객이 다녀가는 명소가 됐다. 리어카도 들어가기 어려운 작은 골목을 노닐다 보면 왠지 마음이 편안해지는, 과거의 향수를 품은 곳이다.

   노란 색깔로 꾸며진 북 카페가 보여 들어갔다. 한쪽에는 책이 진열되어 있고 테이블은 너댓 개 정도 된다. 서울에 사는 젊은 여자 사장님이 운영하고 있었는데, 중학교 교사를 하다가 기회가 되자 퇴직하고 대전에 내려와 카페를 운영하고 있다고 한다. 주문한 커피를 준비하는 사장님이 우리를 힐끗 쳐다본다. 둘 사이를 궁금해하는 눈치이다. 환갑이 넘은 아빠와 결혼한 큰 딸인데 남편은 출근하고 외손녀는 어린이집에 보낸 사이 같이 점심이나 하려 부녀간에 만났다고 소개했더니 호들갑을 떤다. 어쩐지 닮아 보이더라. 다정해 보인다. 따님이 예쁘네요, 등 듣기 좋은 이야기만 골라서 한다. 딸과 둘이 앉아있는 테이블 옆에 서서 잠깐이지만 서울에서 내려온 이유, 북 카페 운영에 재미를 느끼고 있다는 말과 함께 즐거운 시간 되라는 말을 보탠다.

   딸의 말을 많이 들어야 하는데 오늘도 내가 주로 말을 많이 했다. '생각의 차이'에 대해 주로 이야기했다. 세상에 단단한 것을 순서대로 열거한다면 나무, 돌, 쇠, 다이아몬드 순일 것이다. 하지만 이것보다 더 단단한 것이 있는데 그것이 '생각'이라는데 의견의 일치를 보았다. 외손녀가 하원할 시간에 맞추어 일어났다. 카페에서 나오면서 딸에게 '잘될 수밖에 없는 너에게'라는 책 한 권을 사주면서 다음을 약속했다. 시간이 눈 깜짝할 사이에 흘러갔다.

2022년 9월 28일.

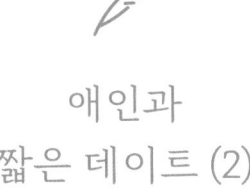

애인과
짧은 데이트 (2)

　애인이라는 단어를 사전에서 찾아보면 서로 애정을 나누며 마음속 깊이 사랑하는 사람 또는 몹시 그리며 사랑하는 사람, 남을 사랑함이라고 정의한다. 애인이라 하면 젊은 남녀 사이에서 많이 쓰는 말인데 그 범주를 벗어나 동성끼리 애인이라고 하면 전혀 다른 말이 되는 걸까? 아니면 30살 차이 나는 아버지와 아들 사이에서 애인이라는 말을 쓰면 안 되는가?

　봄비가 촉촉이 내리는 어느 토요일 아들에게 전화했다. 혹시 점심 같이 먹을 수 있느냐는 내용이었다. 오후 2시에는 약속이 있으니 그전에는 가능하다고 했다. 비도 내리고 해서 파 육개장을 먹기로 하고 식당까지 이동하는 동안 새로 산 자동차, 아들의 친구 등 가벼운 이야기를 했다. 점심 먹으면서 1만 시간의 법칙, 건강관리 등 더욱 다양한 이야기를 나눴는데 "태어날 때 가난한 것은 나의 책임이 아니지만 죽을 때까지 가난한 것은 나의 책임"이라는 내용의 책 이야기가 기억에 남는다.

밥 먹으면서 무거운 이야기로 혹시나 소화 안 될까 봐 아들의 눈치를 슬슬 보며 이야기했는데 다행히 아들이 귀찮아하거나 고리타분한 이야기라 생각하지 않은 모양이었다. 아들과 이야기하는데도 아빠가 눈치를 살펴야 하는 세상이니 묘하다(아들은 전혀 그렇게 생각하지 않는데 아빠인 나만 그런 생각을 하는지도 모르겠다). 혹시 우리 집만 그런가 하는 생각도 든다.

점심을 먹고 커피 한잔하자는 데 의견을 같이해 대전역 근처 소제동 카페 골목으로 갔다. 나는 나대로 아들은 아들 대로 가 본 곳이 있어서 서로 앞장서서 가고 있는데 내가 가 본 곳으로 가기로 했다. 동네 책방을 운영하면서 차도 파는 북카페였다. 전에 결혼한 큰딸과 다녀갔던 카페라 사장님을 만나면 아는 척해야겠다고 생각했다. 책을 몇 권 고르고(새 책 한 권과 헌책 세 권) 커피와 허브차를 주문해 자리에 앉아 음료가 나오기를 기다리고 있었다. 마주 앉은 아들에게 지난번 큰딸과 다녀간 이야기를 하면서 차를 준비하는 분이 사장님일까 아르바이트생일까를 추측했다. 아르바이트생일 거로 생각하고 전에 계시던 사장님 안부를 물어보려는 참에 주문한 차가 탁자에 놓이면서 그분과 눈이 마주쳤다.

"지난번 따님과 오셔서 차 마시고 책 사 가지고 가셨고 세종에 사시면서 손녀가 유아원에서 돌아올 시간이 됐다고 가신 분?"이라고 말했다. 헉! 하루에도 수많은 사람을 만날 테고 6개월이 지난 일을 어떻게 어제 일처럼 기억하고 있을까? 궁금해 물었더니 "결혼한 딸과 아빠가 차 마시고 책 사주는 분이 많지 않아 인상적이었다"며 "나보고 오늘 참 잘 왔다"고 했다. 이런저런 이야기를 하며 경영난으로 나흘 후에는 카페를 다른 분에게 넘긴다고 했다. 사장님이 책 한 권을 집어 들어 나에게 선물이라고 주셨다. 고맙다. 그 사장님과 단 두 번 만난 사이인데 마치 오래 알고 지낸 사람과 헤어지는 것처럼 아쉬웠다. 지난번 딸과 사진 찍은 것처럼 아들과 함께 사진 찍었다.

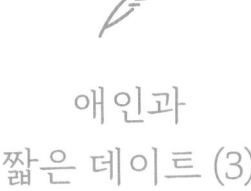

애인과
짧은 데이트 (3)

일기예보에 오후 비가 온다더니 잘 맞추었다. 많은 비는 아니지만 추적추적 비가 계속 내린다. 점심 후 아내에게 오후 계획을 물으니, 약속이 없다고 한다. 얼마 전 다녀온 대전역 뒤편 옛 철도관사촌 일대에 형성된 카페 골목에 아내와 함께 가고 싶었다. 책을 살 수도, 읽을 수도 있고 차를 마실 수 있는 작지만 알찬 카페가 있다. 게다가 사장님이 친절해 아내와 함께 가고 싶었다. 준비할 것도 없이 차에 올라 아내와 함께 그 카페 골목으로 출발했다. 이미 목적한 카페는 정해져 있고 그곳에 가기 전에 주위를 돌아보았다. 아주 오래된 건물을 고쳐 옛것과 새로움을 조화롭게 꾸며 놓은 곳을 돌아보니 신세계에 온 듯했다.

카페에는 2~3명 손님이 책 구경을 하고 있었다. 건물을 고쳤지만 낮은 천정에서 물방울이 떨어지는 것을 양동이로 받아내고 있었다. 이 풍경이 불편하기보다는 정겨움이 묻어 나왔다. 앞서 큰 딸, 아들과 다녀간 적이 있어 사장님이 단번에 알아봐 주셨다. 아내와 함께 온 것에 대해서도 반가움을 아끼지 않았다. 물론 본인 가게에 온 고객에게 칭찬을 아끼는 사람은 없겠지만. 이틀 뒤 카페를 다른 분에게 넘긴다는 소식을 듣고 마지막으로 왔다고 하니 사장님이 반가워하셨다. 책 세 권을 고르고 계산하니 사장님께서 주문하지도 않은 차를 내어 주셨다. 고맙기도 하고 미안하기도 하다. 세 번째 방문에 단골이라 생각한 모양이다. 사장님은 내가 살고 있는 충북 옥천이 고향이고 현재 친정은 대전에 있다고 했다. 옥천에는 가끔 식사하러 다니기에 기회가 되면 찾아온다고 한다.

요즘 풍광 좋은 곳에 투자해 카페를 멋있게 꾸민 곳이 셀 수 없이 많다. 이 카페는 화려하고 웅장하지 않지만 사람 냄새가 나 머무르고 싶은 곳이다. 시골 옥천에서는 보지 못한 모습을 경험한 것이다. 다음 방문에는 지금과 달라질 모습에서 오늘 느낀 감정을 느낄 수 있을지 모르겠다. 아내와 꼭 한번 들르고 싶었던 예쁜 북카페에 다녀오니 예전 연애 감정이 되살아난다.

막내딸
결혼식 축가(2)

　마흔이 다 되어가는 딸이 결혼하지 않는다고 걱정하는 분들을 종종 만난다. 부모로서 걱정이 아닐 수 없다. 결혼 적령기가 늦어지고 설사 결혼한다고 해도 출산하지 않거나 단 한 명에 그치는 것이 요즘 사회적인 현실이다. 하지만 나는 자녀가 결혼하지 않아 생기는 고민을 덜어냈다. 이것도 복이라면 복인가? 오히려 막내딸이 결혼한다고 하는데 나이가 이제 20대 후반으로 접어드는 어린 나이여서 고민을 많이 했다. 딸의 남자친구를 만나 이야기를 나누었다. 향후 10년, 20년 후의 모습을 질문했더니 나름대로 당찬 계획을 하고 있었고 확신에 차 있었다. 젊은이가 이런 생각을 하고 있는데 굳이 딸의 결혼을 반대할 이유가 없어서 흔쾌히 승낙했다. 따뜻한 봄날에 있을 결혼식을 준비하며 막내딸이 중학생 때쯤 이야기한 것이 생각났다. 결혼하게 되면 잔디밭이 넓은 우리 집에서 야외 결혼식을 하면 좋겠다는 것과 아빠가 축가를 불러주겠다는 것이었다. 결혼식을 준비하는 과정에서 오래전 했던 약속이 생각나 막내딸과 이야기했다.

두 가지 약속 중 야외 결혼식은 도저히 불가능하고 축가는 마음만 먹으면 해결할 수 있겠다는 생각이 들었다. 축가는 아빠가 해주는 게 좋겠다는 딸의 요청에 잠시 고민이 됐지만 약속을 지켜주고 싶은 마음이 커 승낙했다.

우리 집안에는 가수가 없다. 나 또한 노래에 소질이 없다. 하지만 딸에게 추억을 만들어 주기 위해 최선을 다해 준비했다. 결혼식과 어울리는 가사와 멜로디의 노래로 결정했다. 기타를 치는 친구에게 반주를 부탁했고 어설프지만 나도 기타를 메고 노래하기로 했다. 결혼식이 다가올수록 섣부르게 축가를 하겠다고 한 것 같아 후회도 됐지만 물러설 방법은 없었다. 연습만이 살길이다. 왼손 손가락에 굳은살이 생기고 목소리는 쉬어갔다. 가수가 노래 한 곡을 부르기 위해 공연 전 천 번은 연습한다는 말을 들은 적이 있는데 실제 경험해 보니 맞는 말이다. 반주를 도와주는 친구는 프로급 수준이기에 나의 기타와 노래 실력이 마음에 들 리 없다. 중간에 포기하고 싶은 마음도 여러 번 있었다. 노래를 멋지게 잘하는 능력을 갖췄다면 가수가 됐을 텐데 그런 실력은 없다. 오로지 결혼식 전날까지 열심히 연습해 실수 없이 그 시간만 지나는 것을 목표로 삼았다. 발등에 떨어진 불을 끄기도 어려운 상황에서 만에 하나 있을 앙코르 요청을 대비해 추가로 곡을 준비했다. 초보가 관객 앞에서 노래를 부르면서 앙코르 걱정을 하는 것은 사치라고 생각하면서 하늘을 보고 헛웃음 지었다.

외가 산소 방문

　나는 4월의 마지막 날 외할머니, 외할아버지 산소에 다녀왔다. 나는 외가댁 산소는 잘 가지 않는다. 어머니 나이가 95세이다 보니 친정 부모님 산소를 찾아뵐 기회가 점점 줄어들기에 무리해서 다녀왔다. 외삼촌(86세)이 고향인 충북 보은군 회남면에 선조 산소를 조성해 놓았는데 산소 앞까지 자동차로 들어갈 수 있도록 길 정리 작업을 마무리했다는 소식을 듣고 아내와 함께 어머니를 모시고 다녀온 것이다. 산소에 가는 것을 반대하시던 어머니를 설득해 함께 다녀왔다. 현재 거주하는 곳에서 고향까지 약 30km. 어머니는 고향이 가까워질수록 옛 생각이 나시는지 마을 지명을 더듬어 보신다. 어부동, 남대문, 영당…. 저 건너편에 중장비가 작업하는 모습이 보이니 먼저 도착한 외사촌 동생에게 전화를 걸어 길을 안내받고 산소 근처까지 차로 이동했다. 오래전에 왔을 때는 큰길에 자동차를 세워놓고 꼬불꼬불 밭둑을 따라 언덕길을 올라갔어야 했는데 지금은 전혀 다른 모습이다. 마중 나온 외사촌 동생이 고모인 어머니를 번쩍 안고 비탈길을 올라갔다. 어머니 체중이 41kg이지만 그래도 힘들 텐데 체격이 건장해서 그런지 쉽게 올라갔다. 어머니는 생전 처음으로 조카의 팔에 안겨 부끄러운 표정을 지으셨다.

잘 정비된 산소에 도착해 가족과 함께 절을 했다. 외삼촌이 집안의 내력과 산소를 마련한 과정을 설명했다. 어머니는 95세가 돼서도 산소를 찾아 인사 할 수 있는 것에 기쁘고 고맙게 생각하셨다. 100살까지 사신다고 해도 친정 부모님 산소를 몇 번이나 찾아올 수 있을까? 동생인 외삼촌을 만나는 기회도 만들고 어머니께 소중한 추억을 만들어 드리기 위해 나들이를 했다. 연세가 많다 보니 산길을 올라가는 데 힘든 것은 당연한 일이다. 하지만 육체적으로 힘듦 속에서 즐거움을 찾으셨겠다고 생각한다. 돌아오는 길에 해가 서쪽으로 넘어가고 있었다. 문득 어머니 인생 시계는 몇 시쯤일지 궁금해졌다.

출렁다리

    나는 같은 동네에 사는 다섯 부부와 만나서 식사도 하고 가끔 여행도 다닌다. 남자 중 내 나이가 가장 적다. 그런 이유로 먼 거리를 이동할 때 운전과 작은 일들을 도맡아서 한다. 그만큼 젊다는 것이 내 자랑이다. 어젠가 10명이 모여 괴산군 산막이옛길 출렁다리에 간 적이 있다. 모두 출렁다리를 건너 구경하는데 나는 다리 입구에서 기다리고 있다가 일행들이 건너갔다 온 후 합류하여 다음 목적지에 이동했다. 홀로 출렁다리를 건너지 않았던 이유는 무서워서이다. 평소 높은 곳에서 공포를 느낀다. 지금은 공포를 느끼는 상황을 피할 수 있지만 그러지 못할 때도 있었다. 바로 군대이다. 군대에서 낙하산을 메고 비행기에서 뛰어내리는 강하 훈련을 많이 했다. 사람들이 가장 공포감을 느낀다는 11m 높이에서 뛰어내리는 훈련을 수없이 했다. 이후 비행기에서 낙하산을 타고 뛰어내리는 실전도 13번 경험했다. 왜 무섭지 않았겠는가? 군대 생활을 젊음과 패기로 하기도 했지만 어쩔 수 없이 해야 했다. 명령을 따를 수밖에 없는 군대 문화에는 선택의 여지가 전혀 없었다. 지금은 출렁다리를 건너지 않아도 되는 선택을 할 수 있다. 하지만 성별과 나이를 떠나 출렁다리를 즐기는 사람들 가운데 늘 혼자 즐기지 못하는 못난이가 된다. 한 번은 전라북도 순창에 여행을 갔다. 채계산 출렁다리를 건너는 것이 일정에 있었는데 이날도 나는 다리를 건너지 못하고 일행을 기다렸다. 언제부터 케이블카를 타는 것, 출렁다리 건너는 것 등 높은 구조물에 올라가는 것을 될 수 있는 대로 피한다. 이것도 병인가?

나는 행복합니다

　나는 행복합니다. 나는 정말로 행복합니다. 2015년을 얼마 남기지 않은 이 시간에 나는 아름다운 분들과 함께 일상을 벗어나 멋진, 아주 멋진, 그리고 잊을 수 없는 여행을 하고 있습니다. 먼지가 쌓이고, 소음에 시달리며, 많은 사람과 부딪치는 일상에서 벗어나, 멋진 분들과 함께하는 것이 이렇게 편하고 행복할 수가 없습니다.

　'행복해지고 싶으면 행복한 사람들과 만나고, 부자가 되고 싶으면 부자들과 만나라'라는 말이 있듯이 내가 행복해지고 싶어서 행복한 분들과 함께하고 있습니다. 내가 행복해지고 싶다는 욕심이 많아서 그런 생각을 하고 있는지는 모르겠습니다. '돈으로 시계는 살 수 있어도 시간은 살 수 없고, 의사는 살 수 있어도 건강은 살 수 없다'라고 했습니다. 지금 이 행복한 시간을 어떻게 돈으로 바꿀 수 있겠습니까? 지금까지 그래왔듯이 앞으로도 건강 챙기면서 이 행복한 모임이 계속

되었으면 하는 기원을 해 봅니다. 이런 기대를 하는 게 욕심은 아니겠지요? 오늘, 이 여행이 있기까지 준비하느라 힘쓰고 계시는 사장님, 정말로 아침부터 저녁까지 봉사활동으로 바쁘게 사시는 회장님, 언제나 든든한 맏형인 원장님, 그리고 참석하신 사모님들께도 행복한 시간을 만들어 주셔서 고맙다는 말씀을 전합니다.

2015년 12월 12일 정완영

위 내용은 옥천이라는 같은 동네에서 살면서 가끔 만나 달고 쓴 이야기를 함께 나누는 선후배들과 1박 2일 동안 강릉 일원에 여행을 다녀왔던 내용을 담은 것이다. 여행은 언제라도, 누구와 가도 즐겁고 가슴이 벌렁거린다. 준비가 조금 소홀하면 어떤가? 집을 떠나 청하는 잠인데 잠자리가 조금 불편한들 어떤가? 여행을 다닌다는 그 자체만으로도 스스로 많은 점수를 주고 싶다. 어느 사람이 말한다. 여행은 다리 떨릴 때 다니는 것이 아니고 가슴 떨릴 때 다니는 것이라고 말이다.

가산사

　충북 옥천군 안내면에는 대한불교조계종 가산사라는 절이 있다. 1년 중 가장 춥다는 소한이 끼어 있는 1월에 가산사를 방문한 적이 있다. 옥천군 청 소재지에서 대청호반을 지나 30여 분 자동차로 달리면 가산사에 다다를 수 있다. 대청호를 지날 무렵에는 산과 물이 어우러진 절묘한 모습에 마음을 빼앗겨 눈을 돌릴 겨를이 없다. 하지만, 대청호를 지나 산길로 접어들면 꼬불꼬불한 산길에 정신 차리지 않으면 자칫 실수할 수 있는 기막힌 곳이다. 추운 겨울이라 조화롭지는 않지만 나름대로 소나무의 푸르름과 참나무의 낙엽이 어울려 있다. 절 앞에 도착해 주차장에 내리면 가산사와 호국 승병 수련원이라는 안내판이 맞이한다. 안내판 바로 뒤편엔 암벽이 있는데 돌 틈 사이로 흘러 내려온 물이 추위에 고드름이 되어 자태를 뽐내고 있다. 방문한 날이 극한의 추위가 아니라 그런지 고드름 꼬리를 타고 물방울이 흘러내리고 있었다. 절기상 아직 봄소식은 멀기만 하지만 고드름 꼬리를 타고 톰방톰방 떨어지는 물방울로 인해 봄이 코앞에 왔다는 착각을 하게 된다. 물방울이 떨어지는 바로 옆, 바위와 흙 사이에서는 이름 모를 풀들이 모진 추위를 꿋꿋하게 이겨내며 자리 잡고 있어 대비된다. 한쪽에는 추위의 대명사 얼음이 있고 그 옆에는 언 땅 위에서 푸름을 자랑하는 식물이 자라고 있으니, 그것만 봐서는 계절을 착각하기에 십상이다.

절을 올라가기 전, 한참 동안 쳐다보고 있었다. 겨울이라는 계절에 어울리는 고드름과 그 고드름 옆에서 추위와 싸워 이겨내려는 풀의 치열한 싸움이 나름대로 조화를 이뤄내며 존재를 뽐내고 있었다. 평소에는 얼음을 보면 그냥 얼음이고 풀을 보면 당연한 풀이라고 생각했었다. 그런데 전혀 어울리지 않는 얼음과 풀이 이렇게 조화롭게 어울리는 것에 묘한 감정을 느꼈다. 이제 머지않아 입춘이다. 얼음이 녹으면 어떻게 되는가를 물었더니 물이 된다는 맞는 대답을 했다. 하지만 봄이 온다고 대답을 한 사람은 틀린 것일까?

계절 모르는
가을 장미

나도 이따금 깜빡할 때가 있는데 어찌 계절 모르고 핀 장미 탓을 할 수 있을까? 11월 초가 되어도 따뜻한 날에 장미는 결국 혼동 속에 빠져들었나 보다. 내 잘못도, 네 잘못도 아니다. 차라리 장미더러 '정신 차려라!' 해야 하나? 내일까지 온다던 비가 그치면 이제 제법 쌀쌀해질 테다. 쌀쌀함의 맛을 봐야겠다.

일요일 풍경

　나는 소매업을 한다. 업의 특성상 일요일에도 출근할 수밖에 없는 형편이지만 자영업이기에 잠깐씩 시간을 내서 개인적인 용무를 볼 수 있는 여건은 된다. 모처럼 일요일이라서 찌뿌둥한 몸을 달래기 위해 사무실에서 멀지 않은 곳에 있는 집으로 향했다. 평일 같으면 노인주간보호센터에 나가실 어머니께서 오늘은 일요일이기에 가시지 않으시고 혼자 집에서 쉬고 계셨다. 가까운 산에 가기 위해 등산복으로 갈아입고 나서는데 어머니께서 씻으신다 하시기에 보일러를 온수로 돌리고 샤워실 바닥이 미끄러우니 조심하시라는 당부의 말씀까지 드리고 나섰다. 아직 겨울철이지만 한낮에는 포근한 아주 좋은 날씨였다. 마스크, 휴대폰, 이어폰, 대문 열쇠, 약간의 용돈, 모자, 장갑, 선글라스 등을 챙기고 밝은색의 등산복을 입고 나섰다. 빨리 걸으면 30여 분 걸리는 읍내에 있는 산까지 신나게 걸었다. 아직 낮이기에 중간중간 부부 혹은 혼자 산에 오르는 사람들이 있었다. 간혹 먼저 "안녕하세요?"라고 인사를 해보았지만 별로 반갑지 않은 듯

뻘쭘하게 교행한다. 그다음부터는 나도 먼저 인사말을 건네지 않고 턱까지 차오르는 격한 숨만 마스크 안으로 몰아쉬면서 정상까지 단숨에 올랐다. 미리 설정해 놓은 휴대폰은 중간중간 평균속도, 남은 거리, 심박수 등을 알려준다. 정상에 서서 숨을 고르고 철봉에 매달리기, 팔굽혀펴기 등 체조 후에 올라올 때와 다른 길로 내려왔다. 도로까지 내려온 다음엔 공공기관에서 설치해 놓은 먼지떨이 기계를 이용하여 신발과 옷을 털은 후 상쾌하게 귀가하였다. 날씨가 포근하기는 하지만 아직은 나뭇잎 사이로 새순은 보이지 않아서 조금은 더 있어야 나무들이 기지개를 켤 것 같다.

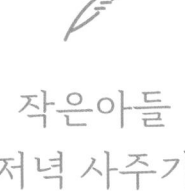

작은아들
저녁 사주기

    오후 다섯 시경 어머니께서 둘이 저녁을 같이 먹자고 하신다. 그러자고 대답해놓고 잠시 생각을 해보니 둘이 먹는 것보다는 작은아들(동생)도 함께하면 더 좋을 것 같다는 말씀을 드렸더니 돈을 줄 테니 그냥 둘이 먹으라고 하신다. 왜 그러실까? 큰아들인 나는 어머니를 모시고 있기에 매일 뵙지만, 작은아들은 같은 지역에 살기는 하지만 어쩌다 한 번 만나는 것이 고작인데 왜 그러시지? 어머니께 작은아들을 만날 기회를 만들어 드리고자 하는 것인데 그것을 이해 못 하시는 것 같다. 90대 중반인 어머니께선 작은아들이 있는 사무실까지 20여 분을 걸어서 이동하시는 것이 부담스러우셨던 것인지 꼬깃꼬깃 접은 오만 원을 내 손에 쥐여 주시며 둘이 먹을 것을 강조하신다. 동생 밥 한 끼 사줄 돈이 없는 게 아니라 기회가 없는 상황인데…. 둘이 먹으라고 강조하시는 어머니께 왜 사무실에 가서 동생과 셋이 밥을 먹어야 하는지를 설명했다.

어머니와 함께 사무실로 이동해 작은아들과 함께 식당으로 가는데 어머니께서는 아들 둘에게 고기를 사주고 싶어 하신다. 아는 식당으로 이동해서 고기를 주문했는데 어머니는 이미 저녁 식사를 드셨다며 마스크를 쓰신 채 아들 둘이 먹는 모습을 쳐다보고 계신다. 식당 사장님이 옆에 와서 마스크를 쓰고 계신 어머니를 보고 같이 드시라고 거들어도 고기 한 점을 드시지 않는다. 어머니로서 자식들이 저녁 먹는 모습이 사랑스러워 보이시는지 꼿꼿한 자세로 앉아계신다. 이렇게라도 어머니를 모시고 식사 자리를 할 수 있는 것이 얼마나 행복한가?

이런 자리를 앞으로 몇 번이나 더 할 수 있을지를 생각하면 가슴이 먹먹해진다. 식사가 마저 끝나기 전에 어머니께서는 계산대에 가서 식사 비용을 현금으로 치르신다. 6만 1천 원이 나왔는데 식당 사장님이 6만 원만 받는다고 한다. 그 시각이 8시 50분. 코로나19 방역 수칙에 따라 오후 9시 이전에 식사를 마쳐야 한다는 것을 알고 계신 어머니께서는 원칙을 지키고, 식당 사장님께서는 너무 늦어서 미안하다고 생각하신 것 같다. 동생 차로 어머니를 모시고 집까지 오는 짧은 시간, 같이 저녁을 먹고 한 차로 어머니와 함께 이동하는 이 시간이 행복의 극치라고 생각이 된다.

이곳저곳 노닐다

당구 마음대로 안 되네

　퇴근 시간이 임박하여 동생에게 저녁 한 그릇 사줄 테니 혹시 당구 한 수 가르쳐 줄 수 있느냐고 요청했더니 식사는 필요 없고 시간은 낼 수 있다고 한다. 일을 마치고 저녁 7시 30분경 동네 당구장 한 곳에 갔더니 자리가 없단다. 다른 당구장에 갔더니 거기도 사람이 많다. 요즘 스포츠 TV에서 프로당구 게임을 하는 것을 보았는데 나도 잘할 수 있을 것 같아서 당구를 배울 겸 한 게임 하자고 한 것이다. 동생은 당구를 한참 칠 적엔 400점 정도 쳤다고 한다. 나도 오래됐긴 하지만 당구장에 드나들 때는 120점 정도 친 것 같다. 어렵사리 자리를 잡고 칠 준비를 한다. 초구를 치는데 동생이 다른 방법을 알려준다. 알려준 대로 하면 잘 맞을 것 같다는 생각이 든다. 욕심이 앞서 몇 개 쳤는데 마음대로 되지를 않는다. 용어도 잘 모르고 치는 방법도 모르는데 동생 말로는 "당구장에 돈 많이 가져다주면 잘 칠 수 있어요"라고 한다. 그만큼 연습을 많이 하면 결과가 나온다는 뜻이다. TV에서 볼 때 쉽게 느껴졌던 것들이 실제로는 잘 안된다. 내가 초보이다 보니 옆에서 당구를 치는 다른 사람들이 나만 쳐다보는 것 같아 마음이 급해지고 작아지는 느낌이 든다. 안 하던 걸 하니 허리가 아프고 생각같이 잘 안되니 약간의 스트레스로 다가온다. 이러려고 당구를 치는 것은 아닌데 왜 이러지?

목욕탕의 어느 부자

　목욕탕 이야기를 하려고 하는데 왠지 모르게 외설적인 것 같기도 해 표현에 한계를 느낀다. 제목만 유추해 보면 무엇이 연상 되는지 대강 짐작이 간다. 하지만 아니다. 여느 때와 마찬가지로 눈을 감고 뜨거운 탕 안에서 얼마나 버티는지 인내심 측정을 해본다. 한계에 다다라 눈을 뜨고 주위를 살펴보니 안개 넘어 희미하게 아버지와 아들의 모습이 보인다. 굳이 묻지 않아도 50대 아버지와 고등학생 아들의 모습이다. 마주 앉아 뭔가를 열심히 대화한다. 물론 아버지가 많이 이야기하고 가끔은 아들이 대답하거나 의견을 이야기하는 것 같다. 고개도 끄덕인다. 선생님과 학생 사이처럼 딱딱해 보이지 않는데 대화 내용이 들리진 않는다. 다만 짐작할 뿐이다. 지금이 10월이니 대학교 진학에 관한 이야기를 하는 것 같다. 아버지는 아버지 나름대로 최선을 다해 경험, 조언과 바램을 이야기했을 것이고 아들은 그 이야기를 듣고 잘해보겠다는 각오를 했을 것 같다. 최고의 그림이다. 몸도 뜨겁고 아버지와 아들의 대화가 궁금하기도 해서 슬그머니 그 옆으로 자리를 옮겼다. 조금 더 가까이 오긴 했지만 다른 사람들의 대화 소리와 물소리 등에 묻혀 정확히 들리지 않는다. 하기야 내가 그들의 이야기를 염탐해 들을 이유는 없었다. 내가 그들의 옆자리에 다가가 앉으니 대화는 종료됐고, 다른 곳으로 이동했다. 나도 나의 아들과 함께 목욕탕에 다녔다. 피로도 풀고 집에서는 못했던 이야기도 하고 서로 등도 밀어주고 했다. 서로 의지 된다고나 할까? 오늘 어떤 아버지와 아들의 대화도 보고 들으며 생각해 봤다. 나는 아버지를 모시고 목욕탕에 다닌 적이 단 한 번도 없다. 이제는 우리 곁을 떠나 하늘나라에 계시기에 후회스럽다. 살아계실 때 아버지 등을 밀어드리고 세상 살아가는 경함과 조언을 여쭈었으면 얼마나 좋았을까? 오늘 목욕탕에서 만났던 그 아버지와 고등학생 아들이 행복해 보였고 부러웠다. '부러우면 지는 것이라고 하던데…'라는 생각이 들어 피식 웃음이 났다.

어머니 모시고
용암사 참배

　어머니를 옥천으로 모시고 온 뒤로 습관이라고 하기엔 그렇지만 일요일에 하는 일정이 하나 생겼다. 매주 하는 것은 아니지만 어머니를 모시고 가까운 곳으로 소풍을 다녀오곤 하는 것이다.

　오늘은 점심 식사 후에 아내와 함께 어머니를 모시고 삼청리에 있는 용암사를 다녀왔다. 절에 가시자고 하니 흔쾌히 따라나서신다. 절까지 이동하며 주변을 둘러보니 가을걷이는 완전히 끝난 모습이었고 길에는 낙엽이 뒹굴고 있었다. 절 앞 주차장에는 신도들이 타고 온 것으로 보이는 차 몇 대가 있다. 가파른 시멘트 포장길을 조금 걸어 절 마당에 도착하니 어머니께서는 가쁜 숨을 몰아쉬신다. 마침 옆에는 아이를 안은 젊은 남편과 앳돼 보이는 부인이 함께 올라온다. 어머니께서 그 갓난아이를 보자 귀엽다고 말씀하시기에 몇 개월이나 되었는지 물었더니 생후 6개월 되었단다. 6개월 된 갓난아이를 안고 절에 오다니….

내가 말하기를 "우리 어머니와 아흔세 살 차이 나네요"라고 했더니 깜짝 놀라면서 건강하시다고 한다. 갓난아기를 보아서 생동감을 느꼈고, 어머니 건강 상태를 칭찬하는 말을 들으니 오늘 오후, 기분이 최고다.

이곳저곳 노닐다

어머니께서
예전 같지 않아요

　언제인지 기억나지 않지만, 아버지께서 살아계실 때 두 분을 모시고 옥천읍 교동리에 있는 '육영수 생가'를 다녀왔다. 오늘이 마침 일요일이라 어머니께서 주간보호센터에 가시지 않는 날이기에 햇볕이 강하지 않은 늦은 오후 시간에 어머니를 모시고 관람을 다녀온 것이다. 주말이 끝나가는 일요일 오후라 그런지 관람객이 더러 있기는 했지만 많지는 않았다. 어머니께서 오랫동안 걸으시는 걸 힘들어하셔서 중간중간에 앉아 잠시 쉬었다가 일어나 다시 걷는 것을 반복했지만, 나 나름대로 이것저것 설명해드리며 관람을 마쳤다.

　어머니가 예전 같지 않다는 걸 절감하게 된다. 과거 여기를 다녀가신 것이 분명한데 이제는 기억을 못 하신다. 기억력 감퇴가 심해지는 것일까? 하지만, 박정희 전 대통령과 육영수 여사의 사진을 둘러보시더니 기억을 더듬어 내신다. 또, 둘러보는 동안 연자방아, 우물, 손재봉틀 등을 보시고 정겨워하며 아주 오래전 어머니께서 결혼하시기 전 친정집을 그려내기도 하신다. 아들에게 이런저런 설명을 하시는 게 마냥 즐거워 보여 나 또한 즐겁다. 짧은 시간이었지만 어머니 모시고 둘러보는 시간 그 자체에 의미가 있었다고 생각한다. 관람을 마치고 대문을 나오니 넓은 연꽃밭과 사진 촬영장소가 보여 어머니도 기념사진 한 장 찍어드렸다.

이곳저곳 노닐다

4장

고맙습니다

국가유공자

　국가유공자란 '나라를 위하여 공헌하거나 희생한 사람. 순국선열, 애국지사, 전몰군경, 상이군인, 국가 사회 발전을 위한 특별 공로 순직자 또는 '국가를 위하여 공헌하였거나 희생된 사람으로서 법률이 그 적용 대상자로서 규정 한 자'로 정하고 있다. 내가 보관하고 있는 국가유공자 증서를 보자. '우리 대한민국의 오늘은 국가유공자의 공헌과 희생 위에 이룩된 것이므로 이를 애국정신의 귀감으로서 항구적으로 기리기 위하여 이 증서를 드립니다'라고 씌어 있다. 이것이 얼마나 무게감 있고 장엄한 것인지 새삼 느낀다.

　이미 고인이 되신 나의 아버지께 대한민국 대통령이 수여한 국가유공자 증서이다. 아버지께선 1950년 초 육군에 입대하여 6·25전쟁을 겪고 10여 년 만에 상사 계급으로 제대했다. 경북 영천지구에서 중공군과 전투를 벌였고 이 전투에서 총에 맞아 다치기도 했다. 아슬아슬하고 사선을 넘는 내용들을 자식들에게 전설처럼 들려주시기도 했다. 이러한 내용을 인정받아 국가유공자가 된 아버지는 생전엔 국가유공자 연금을 받으셨고, 돌아가신 후에는 어머니께 약간의 금전이 지급되고 있는 것으로 알고 있다. 물론 보훈병원을 무료로 진료받을 수 있는 혜택 등 몇 가지도 함께 주어진다. 이렇게 나라를 위해 싸운 분들에게는 국가가 온 힘을 다해 위로와 대우를 해 주어야 마땅하다고 생각한다.

대한민국 국민이 지켜야 할 4대 의무가 있다. 교육의 의무, 근로의 의무, 납세의 의무, 국방의 의무라는 것은 이미 잘 알고 있는 사실이지만 그 중 특히 국방의 의무가 가진 의미를 결코 가볍게 여기지 않았으면 한다. 이 기회를 빌려 국가를 위해 헌신하신 모든 분들께 경의를 표하고 싶다. 다시는 볼 수 없는 아버지의 묘소 앞, 자랑스럽게 서 있는 '국가유공자 정진복의 묘'를 바라보며 아려오는 마음으로 말해본다. '고맙습니다.'

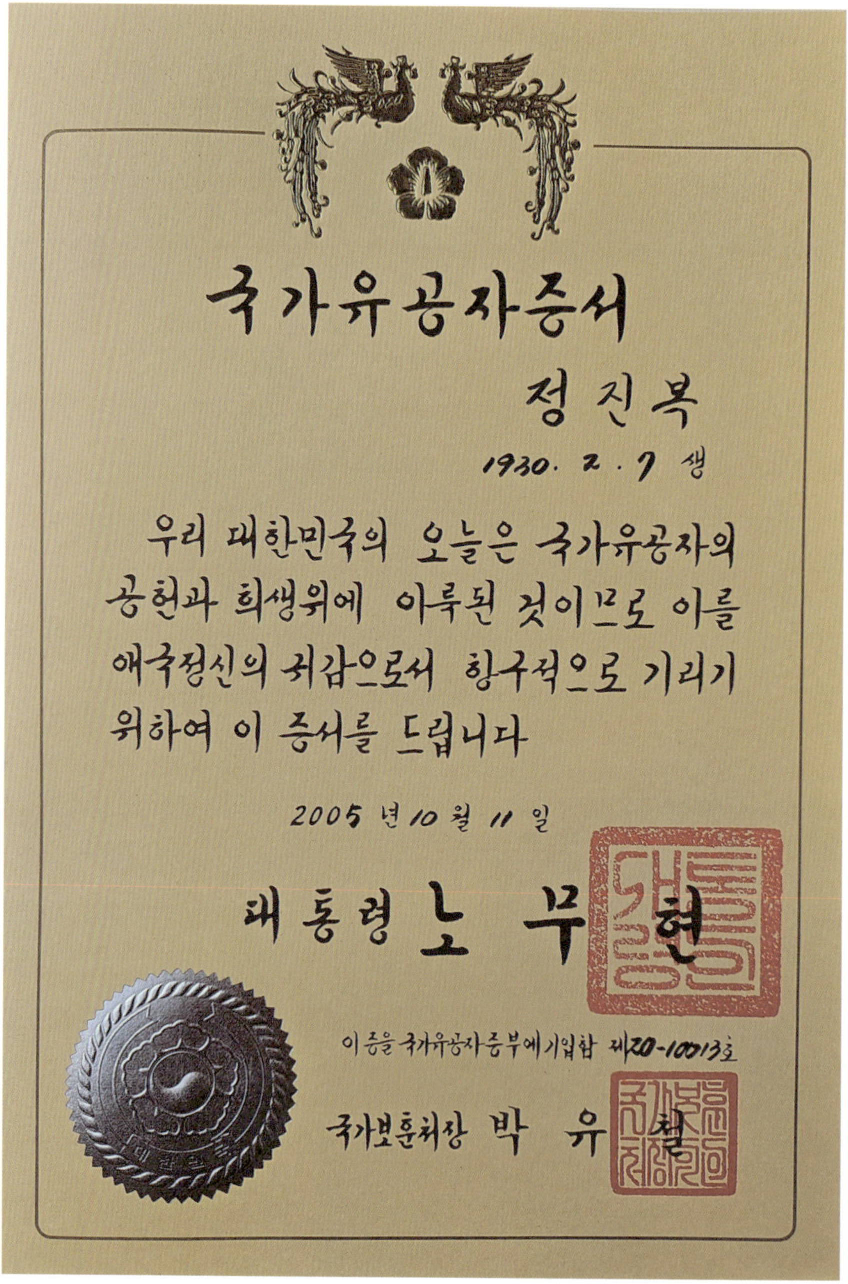

국가유공자증서

정진복

1930. 2. 7 생

우리 대한민국의 오늘은 국가유공자의 공헌과 희생위에 이룩된 것이므로 이를 애국정신의 귀감으로서 항구적으로 기리기 위하여 이 증서를 드립니다

2005년 10월 11일

대통령 노 무 현

이 중을 국가유공자증부에 기입함 제20-10013호

국가보훈처장 박 유 철

러브하우스

삼성디지털프라자 옥천점을 운영한 지 1년이 막 지났을 무렵, 예상보다 빨리 정착했다고 생각했다. 1년 만에 단골이 늘어 인지도가 높아졌기 때문이다. 그런 것 보면 나는 복이 많은 것 같다. 지난 1년간 삼성디지털프라자 옥천점이 자리 잡게 도와주신 분이 많았다. 어떻게 보답하면 좋을까 고민하던 중 마침 삼성전자에서 사회환원사업 목적으로 사랑의 집 고쳐주기(러브하우스 연합봉사)를 하고 있었다. 전국에 있는 삼성전자 대리점으로부터 추천받아 심사를 통해 결정된 집을 지원하는 제도였다.

삼성디지털프라자를 개업한 지 1년밖에 되지 않았지만 정착하기 위해 열심히 움직인 덕분에 실적이 뒷받침되는 상황이었다. 삼성전자 본사에 러브하우스 연합봉사 대상자 신청서를 제출했다. 심사를 통해 삼성디지털프라자 옥천점이 한국 총괄 18호점 대상점으로 선정 돼 주어진 사업비 1,500여만 원으로 지역 내 어려운 가정의 집을 고칠 수 있게 되었다, 옥천에 정착하기까지 도와주신 것에 대해 일부라도 되갚을 기회가 생긴 것이다.

옥천군청주민복지과에 방문하여 사업내용을 알렸고 대상자 선정을 의뢰했다. 총 9명의 신청자가 있었는데 최종 한 곳을 선정했다. 선정된 집은 고모와 조카 세 명이 한 집에 사는 가정이었다. 한정된 자원으로 공사를 하다 보니 어려움이 많았지만, 사회적기업 새로이 건축에서 공사를 맡아주었다. 삼성전자 집수리 사업팀에서도 매일 6~7명의 봉사 인력이 와서 총인원 45명이 일손을 도왔다. 일주일간의 공사 기간을 정하고 시작했지만 지연되어 열흘 정도 소요됐다. 8월 뙤약볕에서 모두가 구슬땀을 흘리며 공사를 진행했다. 창호 전면 교체, 집안 화장실 설치, 주방 개보수, 보일러 교체, 도배장판, 현관문 교체가 이루어졌다.

신축은 아니지만 공사를 마치고 나니 많은 변화가 있었다. 이웃에 사시는 이장님께서도 관심을 가지고 매일 방문하여 진행되는 상황을 점검하셨다. 동네 아주머니께서는 '좋은 일 한다'며 음료와 과일도 내다 주셨다. 많은 관심으로 완성된 집은 입주하는 당사자는 물론 이웃도 만족했다. 또 집을 수리하는 사람, 주변에서 끊임없이 관심을 준 이웃, 더욱 쾌적한 집에서 지낼 입주자보다 내가 더 기분이 좋았다. 어렵게 사업을 따온 것은 물론 군청과 협의해 대상자 선정을 거쳐 작업복을 입고 집수리에 직접 참여하기까지 전 과정에서 보람을 느꼈다. 이런 것이 봉사라는 것을 직접 경험하고 나니 입주자보다 내가 더 좋을 수밖에…. 보람된 마음에 좋은 마음을 더해 입주 기념으로 세탁기와 소형가전제품 몇 가지를 선물했다.

러브하우스 사업을 위해 힘 써주신 분들께 감사 인사를 전합니다. 옥천군청 태장식 님, 이봉심 님, 동네 이장님, 과일 내주시던 아주머니 고맙습니다. 그리고 삼성전자 Philia 봉사단장 문태경 님과 채규혁 님, 윤종원 님, 이종환 님, 김원종 님, 구본욱 님, 성호준 님, 이호성 님, 김정환 님, 나우정 님, 손승훈 님, 라두호 님 모두 고맙습니다.

기대하시라~ 두릉리 '러브하우스'

삼성전자 러브하우스팀과 옥천대리점·새로이건축 집수리 후원

할아버지 고향에 정착한 사업가와 자활후견기관에서 독립한 기업이 만나 청성면 두릉리에서 아름다운 하모니를 만들어냈다.

군북면 이백리가 할아버지 고향인 삼성전자 디지털프라자 옥천대리점 정완영(53) 대표는 지역에서 좋은 일을 하고 싶어 고민하던 차에 전 직장인 삼성전자에서 집수리사업(러브하우스)을 떠올리고 신청을 했던 것. 정완영씨가 신청한 집수리사업은 다행히 받아들여졌고 군 주민복지과에서는 대상지를 물색하던 중 소년소녀가장으로 삼남매만 사는 집을 소개했다.

1천여 만원의 사업비로 집수리 업체를 물색하려 했지만, 견적이 나오지 않는다며 지역 업체에서 고사해 고민하던 차에 자활후견기관서 독립해 예비형 사회적기업을 신청한 새로이건축(대표 추병우)을 소개받고 제안을 하자, 흔쾌히 응한 것.

이렇게 마음이 모아지자, 집수리는 일사천리로 진행이 됐다. 삼성전자 집수리사업팀은 매일 자원봉사 인력이 6-7명씩 나와 일을 도왔고 옥천대리점에서도 한 명이 나와 같이 돕기도 했다. 23일 방문한 집수리 현장에서는 새로이건축 직원들이 새로 바뀔 집을 상상하며 즐겁게 일하고 있었다. "수세식 화장실이 집 안에 생기고, 씽크대도 새로 놓이고 못 쓰던 방 하나를 쓸 수 있도록 하려구요. 그리고 도배, 장판은 물론 보일러도 새로 갈고 문과 창호도 일부 바꾸려고 합니다. 정대표님의 노력으로 어려운 사람을 도우려고 하는 일에 같이 동참하게 되어 기쁩니다."

정완영 대표는 새로이 건축에 감사를 표한다. "업체를 못 구해 답보상태였는데 새로이건축에서 기꺼이 하겠다고 해서 추병우 대표에게 고맙죠."

정완영 대표는 집수리가 완공이 되면 냉장고, 컴퓨터, 세탁기 등의 가전제품 일부를 이 가정에 기증할 계획을 갖고 있다.

옥천읍 금구리로 곧 이사를 하는 정완영 대표는 "앞으로 지역에서 일을 하면서 지역사회공헌사업에도 꾸준히 관심을 갖고 지역사회 보탬이 되도록 하겠다"고 말했다.

옆에서 지켜보던 삼남매 소년소녀가장의 고모 김복순(45, 두릉리)씨는 "아이들이 고등학생, 중학생이라 한창 사춘기인데 집이 낡고 방도 하나밖에 없어 많이 걱정했는데 이렇게 지역에서 나서주니 고마울 뿐이다"며 "무엇보다 올 겨울 따뜻하게 날 수 있어 아이들에게는 큰 선물인 것 같다"고 말했다.

황민호 minho@okinews.com

23일 청성면 두릉리에서 삼성디지털플라자에서 후원하는 낡은 집 수리 사업이 진행됐다.

딸 편지(2)

엄마 아빠!

상미는 이제 어른이 된 느낌이에요. 어깨가 무거워졌어요. 초등학교, 중학교, 고등학교, 대학교 그리고 현재까지도 늘 이렇게 뒷받침해 주시고 사랑해 주셔서 감사합니다. 기숙사에 들어갈 때랑은 다르게 뭔가 독립하는 기분이라 얼떨떨하네요. 일 열심히 하고 늘 긍정적으로 생활하다가 주말에는 엄마 아빠 뵈러 집에 갈게요. 우리 평일에는 연락으로 애정을 나누어요.

몇십 년간 앞만 향해 그리고 자식들만 보며 달려오신 부모님께 항상 감사하면서 죄송한 마음도 컸어요. 엄마 아빠의 기대에 맞게 잘살고 있나 싶기도 하고 엄마 아빠를 행복하게 해드리고 싶었어요. 그러기 위해서는 졸업 후 취직이 저의 일등 목표였고 경제적으로 조금이

나마 짐을 덜어드리고 싶었는데 부모님께 자랑스럽고 사랑스러운 딸인지 궁금하네요.

  2년간 열심히 하고 더 멋진 모습 보여드릴게요. 기대해 주세요. 엄마 아빠도 종종 본인들만의 삶도 돌아보며 여행도 많이 다니시고 좀 더 여유로워지셨으면 좋겠어요. 저는 엄마 아빠가 환히 웃으며 같이 있는 모습 볼 때가 가장 좋아요.

  사랑해요.

  어디서나 항상 최선을 다하고 긍정적인 상미가 될게요. 아자아자.
2014. 3. 9 사랑하는 상미 드림

  PS. 상구에게도 안부 전해주세요.^^!

위 내용은 상미가 국방과학연구소에 취업하면서 유성 외할머니댁에서 운영하는 원룸으로 이사할 때 엄마 아빠에게 쓴 편지다. 상구는 집에서 기르는 진돗개 이름.

사랑하는 엄마아빠♡

엄마아빠!! 상이 이제 정말 어른이 된 느낌이에요. 어깨가 무거워졌어요.
초등학교, 중학교, 고등학교, 대학교 그리고 현재까지도 늘 이렇게 뒷받침해주시고
사랑해주셔서 감사합니다. 기숙사에 들어갈때마다 다른게 뭔가 독립하는
기분이라 얼떨떨해요. 일열심히하고 늘 긍정적으로 생활하다가 주말에는
엄마아빠 보러 집에 갈게요. 우리 평일에는 연락으로 애정을 나눕시다♡
몇십년간 앞만 향해, 그리고 자식들만 보며 달려오신 부모님께 항상 감사하면서
죄송한 마음도 컸어요. 엄마아빠의 기대에 맞게 잘 살아오고 있나 싶기도 하고
엄마아빠를 행복하게 해 드리고 싶었어요. 그리하여서는 졸업 후 취직이
저의 일등 목표였고, 경제적으로 조금이나마 짐을 덜어드리고 싶었는데 부모님 앞에
자랑스럽고 사랑스러운 딸이가 궁금해요 ㅎㅎ 2년간 열심히하고 더 멋진모습
보여드릴게요. 기대해주세요.
엄마아빠도 종종 본인들만의 삶도 돌아보며 여행도 많이 다니시고 좀더
여유로워지셨으면 좋겠어요. 저는 엄마아빠가 함께 웃으며 같이있는 모습 볼때가
가장좋아요. ^^* 사랑해요. ♥♥
어디서나 항상 최선을 다하고 긍정적인 상이가 될게요! 아자아자

2014. 03. 09 사랑하는 상이드림
PS. 상규에게도 안부 전해주세요 ^^!!

장가 잘 들었다

누나가 나에게 올케는 좋은 사람이라며 장가를 잘 들었다고 이야기한다. 이런 이야기를 자주 들으면 '정말로 그런가?' 생각하게 된다. 너무 자주 들으니 세뇌되는 것 같기도 하다. 왜 이런 이야기를 자주 들을까 곰곰이 생각했다. 다른 것은 모두 제쳐 놓더라도 아내가 시어머니를 모시고 산다는 것에 점수를 후하게 주는 것 같다.

어머니는 아흔이 훌쩍 넘은 나이지만 일상생활에 지장이 없을 정도로 건강하신 편이기 때문에 지금으로서 문제가 없다. 하지만 더 나이가 드시고 쇠약해지면 그때가 문제인 점에 시누이로서 친정엄마를 잘 보살펴 주는 올케가 고마울 수밖에 없다. 그래서 누나는 가끔 남매 계에서 올케의 옷과 가방 등을 선물한다. 선물을 받으니 잘할 수밖에 없고 잘하니 선물을 사줄 수밖에 없는 관계인 것 같다. 이는 '닭이 먼저인지 달걀이 먼저인지' 묻는 격이다. 어느 누가 먼저랄 것도 없이 자연스럽게 이뤄지는 가족

관계이다. 꼭 사주는 것을 받아서가 아니라 어느 누가 시어머니 모시는데 소홀히 할 수 있을까? 남편으로서도 생각해 본다. 시어머니께 잘해달라는 부탁을 할 수도 없고 그저 눈치만 보고 있을 수밖에….

이것이 고부간의 관계, 시누이와 올케 사이의 관계인 듯하다. 하여튼 나는 장가를 잘 들어서 좋다.

쌍발 프로펠러 비행기

    2022년 11월 초, 충청북도 직장·공장 새마을회에서 라오스 봉사활동을 다녀왔다. 벌써 수년 전부터 라오스 특정 마을을 지정하여 코로나19 기간을 제외하고 매년 봉사활동을 다녀왔다고 한다. 나는 새마을회의 일원으로 이번 봉사활동에 처음으로 참여하게 됐다. 일정상 수도인 비엔티안에서 루앙프라방으로 이동하는데 비행기로 1시간 여 간다고 했다. 탑승 시간이 되자 걸어서 비행기까지 이동했는데 국내선 비행기라서 그런지 아주 작은(80여 명 탑승 가능) 쌍발 프로펠러 비행기였다. 뒤쪽에 달린 계단을 통해서 탑승하는데 비행기 좌측 뒷바퀴가 바람이 빠진 듯 약간 찌그러진 모양이었다. 목적지인 루앙프라방은 미지의 세계이기에 한껏 기대감이 차올랐다.

    쌍발 프로펠러 비행기는 준비를 마치고 활주로로 들어서 신나게 달리다가 중간쯤 멈추고 머리를 돌렸다. 탑승자 모두 의아해한다. 안내를 뭐라 하는데 잘 알아듣지 못했지만, 직감적으로 비행기에 문제가 생긴 것을 알았다. 탑승자 모두 비행기에서 내려 기다리라 하기에 청사 쪽으로 걸어오는 동안 비행기를 쳐다보니 조종석에 앉은 사람이 손가락 3개를 펴 보인다. 이것이 무슨 의미일까? 30분 정도 기다리라는 의미일까? 약 한 시간 반가량이 지났을 때 다시 탑승하라고 한다. 돌아왔던 길을 다시 걸어가 비행기에 탑승했다. 좌석에 앉아 이런저런 이야기를 하면서 출발을 기다리고 있으니, 소음과 함께 다시 활주로를 힘차게 달린다. 이번에도 활주로를 중간쯤 달렸을까? 비행기가 속도를 확 줄이더니 또 회항한다. 무슨 큰 문제가 있구나! 이제부터 불안해지기 시작하고 탑승자들도 서로를 쳐다보면서 말을 잃었다. 출발했던 장소에 비행기가 멈추고 꼬리 문을 이용하여 내렸을 때 깜짝 놀랐다. 처음 탑승할 때 보았던 비행기 뒤쪽 타이어 한 개가 완전히 망가져 있고 고무 타는 냄새가 진동했다. 아뿔싸! 이것이 문제였구나! 탑승한 사람 모두 내려 터덜터덜 청사로 이동했는데, 우리 일행은(충청북도 새마을회 봉사 참여자 20여 명) VIP룸으로 안내되어 대기하게 됐다. 만약에 저 비행기가 이륙하여 목적지에 다다라 이런 문제가 발생했다면 안전하게 착륙할 수 있을까? 수군거리는 일행 중 한 사람이 의견을 제시한다.

'나는 저 불안한 비행기를 타지 않을 테니 나머지 사람만 다녀오라'라는 요지이다. 여행사 직원과 스텝들이 분주하게 움직이며 회의하고 하더니 발의한 사람을 설득한다. 항공사 측에서 다른 비행기로 교체하여 운행하기로 했고, 오늘 목적지까지 이동하지 않으면 예약된 호텔 등 모든 일정에 차질이 생겨 비용적인 문제를 고려해 몇 가지를 이야기했는데 발의자는 요지부동이다. 여러 차례 상의 끝에 여행사와 스텝이 결론을 내렸다. '오늘 이후 모든 일정을 바꾸어 비행기를 타지 않고 일정을 새롭게 합니다'라는 것이 골자였다. 안전에 대한 불안감을 가진 것은 단지 그 사람만이 아니라 참여자 대부분이 가졌던 심경일 것이다. 지금은 일상으로 돌아와 생활하고 있지만, 그때 만약 '최악의 일이 있었더라면 어땠을까? 가정해본다. 비행기를 타지 않겠다고 고집을 피운 그분에게 감사하며 '고집이 아니라 현명한 판단이었다'라고 말씀드리고 싶다.

결혼식 축사(2)

　안녕하세요? 축복된 오늘 감사하게도 축사하게 된 홍조 엄마입니다. 먼저 우리 아이들을 축복해 주시기 위해 먼 길 마다치 않고 기꺼이 함께해 주신 가족 친지 내외분께 진심으로 감사드립니다. 이토록 곱고 사랑스럽게 따님을 키워주시고 우리 식구가 되도록 허락해 주신 사돈 내외분께도 진심으로 감사드립니다. 상아야, 홍조야! 봄의 향연이 가득하고 오색찬란한 봄날 한 쌍의 아름다운 부부가 됨을 진심으로 축하해! 이젠 조건 없이 나를 생각해 주는 진짜 100% 내 편이 생긴 거야. 서로에게 뜨거운 위로가 되면서 살길 바란다.

　상아야! 오늘 너무 아름다워서 눈이 부시는구나. 7년 전 보송보송 목련꽃 봉오리 같던 우리 상아를 처음 만난 날 반듯하고 예의 바르고 유해서 '아! 참 사랑스러운 아이구나' 생각했어. 역시나 나의 안목은 탁월했어. 맑고 착하고 사랑스럽고 지혜롭기까지 한 상아가 우리 가족이 되어줘서 너무 든든하고 고맙구나. 우리 상아는 딸기 듬뿍 밀크티, 나는 블랙허니 밀크티 한잔하면서 일상을 기뻐하고 감사하며 미소 넉넉히 잘살아 보자. 오늘 최고로 멋짐 뿜뿜 빛이 나는 홍조야! 세월이 어찌나 빠르게 흐르는지 살아가면 갈수록 이제는 손에 잡히는 것보다 놓아주어야 하는 것들이 더 많다.

  오늘은 우리 막내아들을 놓아주는 날이기도 하고 더 비워야 함에도 곱고 귀한 딸을 얻어서 또 감사한 날이기도 하구나. 어릴 때 너는 개구지고 승부욕 강하고 영리하고 마음이 따뜻한 아이였지! 냉철함과 빠른 판단, 목표한 것은 끝까지 포기하지 않는 집념과 끈기, 초긍정의 사나이! 반듯하게 잘 자라줘서 고맙다.

  상아야, 홍조야! 살아보니 행복한 결혼생활을 위해 중요한 것은 서로가 얼마나 잘 맞는가 보다는 다른 점을 어떻게 극복해 나가냐가 더 중요하더라. 서로 예절을 지키고 배려하며 힘들 땐 또 위로되고 유쾌하게 행복하게 기분 좋게 살아가라. 살다 보면 때론 고난도 슬픔도 있겠지만 피하려고만 하지 말고 옆구리에 끼고 살아가라. 세상엔 낭만만 있는 게 아니니 다 살아가는 과정이라고 생각하거라. 살아보니 물건은 순간이지만 체험은 두고두고 남더라. 여행도 많이 다니고 배우는 데 투자도 멈추지 마라. 우아하게 즐기며 후회 없이 잘 살아라. 좋은 날이 쌓이면 그렇지 못한 날에도 살아갈 힘이 되더라. 삼류의 물 잔은 흘러넘치고 이류의 물 잔은 잔잔하며 일류는 물 잔을 비운단다. 애써 쟁이지 말고 인생 무겁게 살지 말고 타인을 보듬는 넉넉함도 필수란다.

  이 모든 걸 담아내기 위해서 내 그릇이 튼튼해야겠지? 첫 번째도 건강이고 열 번째도 건강이란다. 가진 것에 감사하면서 알콩달콩 백년

해로하여라. 끝으로 이 자리를 빛내주신 가족 친지 내빈 여러분께 다시 한번 감사드리며 가내 두루 건승하시기를 바랍니다. 감사합니다.

　위 내용은 2023년 4월에 결혼한 막내딸 결혼식 때 사부인의 축사 내용이다. 결혼식 당일에는 경황이 없어 내용을 되새길 여유가 없었지만, 시간이 지나고 다시 음미해 보니 진심이 듬뿍 담긴 말씀이다. 이는 하객도 같은 생각인 듯했다. 사부인의 축사를 들은 하객 중 일부가 감동의 눈물을 흘렸다고 하니 축사를 들은 모든 이가 비슷하게 느낀 모양이다. 또 목소리가 좋은 사부인 직업이 성우, 시인, 국어 선생님인지 질문하는 손님이 많았다. 사부인의 다정한 목소리로 전한 축사 내용처럼 딸과 사위가 잘 살 것이라고 믿어 의심치 않는다.

망측스러워라

　나는 아파트에서 계속 살다 단독주택을 지어 13년간 살고 있다. 택지가 넓지 않지만 꽃과 나무가 있는 마당이 있다. 담장은 허리 정도까지 벽돌로 쌓고 그 위로 주물로 만든 조형물로 장식해 집안이 훤히 보이는 형태다. 95살이 되신 어머니가 주간보호센터에 가지 않는 유일한 날인 일요일, 오전 시간에는 그동안 밀린 청소를 하시고 남는 시간엔 텔레비전을 시청하신다. 점심 드신 후 오후에는 목욕하고 잠깐 눈을 붙이신다. 이것이 어머니가 주간보호센터에 가시지 않는 날의 일정이다. 다른 일요일과 마찬가지로 오후 일과인 목욕을 마친 어머니는 세탁한 빨래를 햇살에 건조하기 위해 속칭 월남치마를 입고 마당 빨래걸이에 수건을 널었다. 돌아와 현관문을 열려고 하니 번호 키가 잠겨 있는 것이 아닌가? 평소 자동문에 열쇠를 대면 문이 열리기에 번호를 기억할 필요가 없었다. 아뿔싸! 급한 나머지 양쪽 팔을 엑스 자로 꼬아 가슴만 가리고 열려있는 문이 있는지 집안을 돌아다녔다. 1층에 열린 문이 없으니 외부 계단을 통해 2층으로 올라가 확인했으나 모두 잠겨 있었다. 다급해진 어머니는 1층 마당으로 내려와 어쩔 줄 몰라 하셨다. 마침 낮은 담 너머로 지나가는 여학생을 불러 사정 이야기를 하고 도움을 청했다. 그 학생은 친구에게 전화해 티셔츠를 가져올 것을 부탁했다. 옷을 입은 어머니는 아들에게 연락해 줄 것까지 부탁하셨다. 내 이름과 가게 위치를 안 학생들은 700m를 달려 나에게 이 사실을 알렸다. 마침 가게에 있던 손자가 급히 달려가 문을 열었다. 상황이 종료되고 어머니는 고마운 마음에 떡과 음료수, 학생들에게 만 원씩 용돈을 주셨다. 이후 내가 고맙다는 인사를 전하기 위해 학생들을 수소문해 봤지만 찾을 수 없었다.

95살 되신 어머니에게 닥친 상황이 부끄러웠을 텐데 그 짧은 시간 많은 생각을 하셨을 것 같다. 누구에게나 숨기고 싶은 부끄러운 순간이 있다. 부모님이 숨기고 싶은 순간을 말해도 되나 싶지만 그 일 이후 어머니에게 잠깐이지만 바깥에 나갈 때 현관문을 열어놓는 습관이 생겼다. 좋은(?) 습관이 생긴 어머니께 드리는 당부, 어머니 밖에 나가실 때 꼭 옷을 갖추어 입고 나가시길 부탁드려요.

감사드리는 글귀(1981. 1. 16)
일등병 정완영

빌어먹을 놈의 세상이다. 남들은 똑소리 나게 공수 훈련을 마치고 귀대해서 공수병이라고 목에 힘주고 돌아다니거늘 나에게는 그러한 여유가 없다. 그것은 내가 띵하고 군대 말로 빠진 행동을 했기 때문이다. 다친 다리를 탓하기 전에 빠진 나를 먼저 원망해야 옳은 것 같다. 불편한 다리를 이끌고 내무반 한구석에 편치 못한 자세로 이 글을 쓰고 있는 것이다. 작년 11월 22일 장한 일이나 하러 가는 것 같이 완전 군장에 돈 몇 푼과 단단한 마음의 각오를 하고 공수 훈련장으로 향했다. 4주간의 훈련은 잠깐의 고통과 괴로움이 있었으나 나도 남잔데 하고 정말로 피와 땀을 흘리면서 잘 받았다고 자부하고 싶다. 요령을 피운 적도 있다. 하지만 하루 중 가장 힘든 기합이라고 생각될 때는 아낌없이 성의를 다해서 기합도 받았다. 훈련 중 모두 4회의 점프를 해야 수료를 할 수 있는데 3차는 야간 강하였다. 모두 자신만만한 표정이고 여유 있게 보였다. 나도 그중의 열외는 아니다. 말 들어보니, 야간 강하는 서울의 야경도 구경할 수 있고 아무것도 보이지 않는 상태이기 때문에 부담 없이 강하할 수 있다고 했다.

일찍 저녁 식사를 마치고 성남 비행장으로 향했다. 야간 강하이기 때문에 추울까 봐서 옷도 두툼하게 입었다. 3번 비행기 좌측 문 1 페이즈 8번째 강한 자다. '뛰어'라는 구령에 깜깜한 공중에 몸을 날린다. 이 몸은 바람에 날려 덩그러니 동체에서 벗어난 혼자의 몸이다. 낙하산이 펴졌다. 죽지는 않았구나. 정말로 하늘에서 내려다 보는 서울의 야경은 볼만했다. 뭐라고 형언할 수 없는 극치의 불꽃놀이였다. 땅은 보이지 않는다. 겨울이라서 상공에서 지상을 내려다보니 자그마한 연못에 하얗게 얼어붙은 얼음만이 보인다. 다행히도 살았으니 안전한 곳에 착륙하고자 공중이동을 해보았으나 잘되지 않는다. 지면에 점점 가까워질수록 불안한 마음이 내 머릿속에서 설친다. 그러나, 앞꿈치가 땅에 닿는 순간 멋지게 전면 우측 접지를 했다. 그날따라 바람이 등 뒤에서 불기 때문에 전면

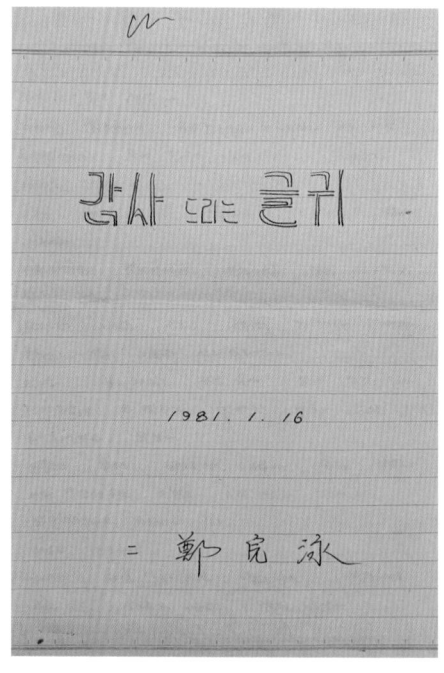

우측 접지는 저절로 되었다.

　원래 비행기는 바람 부는 방향으로 가게 되어 있는데 바람이 등 뒤에서 불게 된 것은 공중이동을 한답시고 라이저를 당기다가 회전이 된 모양이다. 내가 접지한 D.G는 육군종합행정학교 골프장을 만들려고 터를 닦고 있는 육군 특전 사령부 D.G였다. 그래서인지 매우 험하다. 불도저로 밀어놓고 포크레인으로 파헤친 땅이다. 분명히 접지를 잘했는데 바람이 14노트 정도 불었다고 한다. 접지하고 누워 있는 상태론 급전 회복을 할 수 없었다. 결국 오른쪽 발목을 다쳤다. 순간 나는 당황했다. 혹시 발목이 부러진 것은 아닐까? 간신히 일어서서 낙하산을 회수했다. 나보다 더 멀리 떨어진 사람들도 벌써 낙하산을 회수해서 짊어지고 내 옆을 지나가고 있었다. 나도 키백을 짊어지고 한 발짝을 내딛는 순간 풀썩 주저앉았다. 앉아서 발목을 돌려보니 이상이 없는 것 같았다. 다시 일어나 간신히 한 발 한 발걸음 때 같은 부대 정운채 동기가 다가왔다. 부축받으면서 간신히 7~8백 미터 되는 곳에 있는 지휘 본부까지 왔다. 남들 이야기로는 걷는 것을 보니까 뼈에는 이상이 없는 것 같으니 너무 걱정하지 말라는 것이었다. 한편 안심이 되었다. 그러나, 통증은 계속됐다.

　마지막 비행기까지 강하를 모두 마치고 키백을 다른 사람에게 맡긴 후 1.5킬로미터 정도 되는 길을 방재운 후임의 부축을 받으면서 정비대에 도착해 잠시 쉬었다가 내부반까지 또 걸었다. 다리가 뚱뚱 부어오르는 것 같이 느껴졌다. 내무반에서 찬물 찜질과 안티푸라민으로 마사지, 그리곤 다리를 높이고 선잠을 잤다. 아침에 일어나니 꼼짝달싹 못 할 정도로 통증이 심하고 퉁퉁 부었다. 도저히 한 번 남은 점프를 할 수 없었다. 3회 강하만 마치고 수료할 수는 없다는 것이다.

 발목에 압박붕대를 감고 생명과는 지장이 없는 상태이기 때문에 이를 악물고 죽기 전까지는 뛰기로 마음먹고 비행장으로 갔다. 4차 강하는 무장 강하였다. 아픈 발목으로 지탱하는 주 낙하산, 예비 낙하산 그리고 무장의 무게는 100킬로그램이 넘는 것 같이 느껴졌다. 신경은 발목에 가 있고 불안과 초조감에 휩싸여 있었으나 공군 C-123 비행기는 어김없이 요란한 엔진 소리와 함께 땅에서 멀어져만 갔다. 요란한 엔진 소리에 정신을 빼앗겨 발목의 통증을 잊은 채 평상시와 같이 점프할 수 있었다. 전면 좌측 접지를 해서 무장을 달은 상태로 30여 미터 끌려갔다.

 야! 하느님이 도우셨구나. 점프하기 전과 다른 것이 하나도 없고 오히려 4차 강하까지 끝냈다는 후련함으로 통증을 완전히 잊었다. 미우나 고우나 우리들의 안전을 위해서 최선을 다해 가르쳐 주던 교관, 조교와 그리고 땀으로 축축하게 젖었다고 해도 과언이 아닌 공수 교육장을, 막걸리 한 잔으로 아쉬움을 남기면서 공수 교육대를 등 뒤로했다.

 귀대 신고를 마치고 다리를 절면서 돌아다니는 나를 보았을 때 부대원들은 빠진 놈, 띵한 놈, 멍청한 놈, 병신 같은 놈이라고 비웃었을 것이다. 이틀 동안의 근무는 지옥 생활 같았다. 근무를 나가지 않을 수는 없고 나가서 근무를 서자니 통증이 심하고 해서 그 이틀 동안은 아예 생각하기도 싫다. 도저히 근무 서는 것이 불가능해서 선임하사님께 보고했더니 제대장님까지 보고가 되어 의무과에서 진찰받을 수 있었다. 의무과장님과 함께 사령부 의무실에 가서 X-RAY를 찍어보니 오른쪽 발목 복숭아뼈 바로 위에 금이 갔다는 것이다. 아찔하고 눈앞에 수많은 별이 나를 비웃는다.

멍청한 놈이라서 점프 때 발목에 금이 갔다. 12월 23일 깁스를 했다. 생전 처음 해보는 깁스라서 매우 불편했다. 그러나, 불편한 것은 둘째이고 제대장님 이하 선임하사님, 그리고 제대원들을 볼 면목이 없다. 그렇지 않아도 근무 인원이 모자라는 판인데 나까지…. 할 수 없다. 이왕에 이렇게 된 것 빨리 나아서 근무를 서는 것이 제대장님 이하 제대원들에게 고마움에 답하는 것으로 생각하고 열심히 먹고 열심히 싸고 있다.

매일 내무반에 죽치면서 TV를 보고 라디오를 듣고 특별히 주어지는 일이 있으면 조금씩 한다. 제대원들에게 한없이 미안하다. 밥도 타다 주어야 먹는 병신이 화장실은 왜 이리 자주 가는가? 화장실에 가면 깁스한 다리 때문에 쇼하면서…. 내가 생각해도 화장실에서의 폼은 우습기만 하다.

이제 이 짓도 얼마 남지 않았다. 오늘이 깁스 한 날로부터 25일째 되는 날이다. 병신에서 정상적인 사람으로, 아니 C급 군인에서 A급 군인이 되기 위해 오늘도 열심히 걷기 연습을 한다. 제대장님, 선임하사님 이하 제대원들에게 내가 편하게 쉴 수 있도록 배려해 주신 데 대하여 심심한 감사를 드리는 바입니다.

이제 나도 닷새만 있으면 걸을 수 있는 몸이 된다.
1981년 1월 16일.

퇴직 인사

    정완영 퇴직 인사드립니다. 정말로 오랜 시간 동안 삼성전자로부터 큰 사랑을 받고 생활하였습니다. 아쉽지만 이제 그 사랑을 뒤로하고 삼성전자를 떠나게 되었습니다. 제가 삼성전자에 재직하는 동안 정말로 행복했습니다. 지금까지 오로지 집과 회사만을 위해 열심히 노력한 시간이었습니다만, 분명한 것은 한치의 후회도 없다는 것입니다. 현재의 제가 이 자리에 있기까지 격려해 주시고 도와주신 선배님, 동료 여러분, 그리고 후배들께 진심 어린 감사의 말씀을 드립니다. 일일이 찾아뵙고 인사를 드려야 마땅하오나 우선 메일을 통해 인사드립니다. 비록 회사를 떠나지만, 앞으로도 삼성전자의 가족으로 계속 함께할 것입니다. 회사의 배려로 아래와 같이 비전 숍을 운영하기 위해 한창 준비 중이니 앞으로도 무한한 관심과 변함없는 격려 부탁드립니다. 댁내에 건강과 항시 행운이 함께 하시길 기원합니다.

2010년 5월 3일 정완영 드림

[준비 중인 사항]

상호 : 삼성전자 디지털프라자 옥천점(대전지점 관할)

주소 : 충북 옥천군 옥천읍 삼양리 161-10

오픈 : 2010년 5월 28(예정)

전화번호 : 043-733-6161

이메일 : dreamj@naver.com

   한 직장에서 33년 이상을 다니며 애환도 많았는데 2010년 5월 2일 퇴직 인사를 남기게 되었다. 막상 퇴직을 준비하면서 어떤 방식으로 마지막 인사를 남겨야 할까 많은 생각을 했다. 가까이 있는 사람들에게 작은 선물이라도 할까? 여러 가지를 생각했지만 결국은 평범한 퇴직 인사가 되어버렸다. 젊음과 함께 일했던 회사가 고맙다. 대기업에 입사했다고 기뻐하시던 부모님, 세월이 지나 결혼 적령기에 아내를 만나 금쪽같은 아들딸 셋이나 두어 호박이 덩굴째 굴러들어 왔다. 집도 마련하고 이제는 어엿한 사업가로 위치를 굳건히 하고 있으니 내가 근무했던 회사를 고맙다고 하지 않을 수 없다.

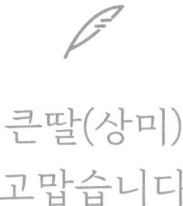

큰딸(상미)
고맙습니다

아빠는 큰딸이 건강하기에 고맙습니다.

아빠는 큰딸이 원만한 성격을 가졌기에 고맙습니다.

아빠는 큰딸이 동생을 잘 보살펴 주기에 고맙습니다.

아빠는 큰딸이 사랑할 줄 알기에 고맙습니다.

아빠는 큰딸이 봉사할 줄 알기에 고맙습니다.

아빠는 큰딸이 되바라지지 않아서 고맙습니다.

아빠는 큰딸이 예절이 있기에 고맙습니다.

아빠는 큰딸이 예쁘게 커줘서 고맙습니다.

아빠는 큰딸이 미래에 대해 고민하는 것 같아서 고맙습니다.

아빠는 큰딸이 끈기가 있어서 고맙습니다.

그리고 앞으로도 영원히 고마워할 겁니다.

2009년 12월 30일 가족회의 날
큰딸에게, 고맙게 생각하는 아빠가

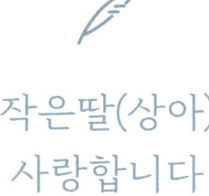

작은딸(상아)
사랑합니다

아빠는 작은딸이 총명하기에 사랑합니다.

아빠는 작은딸이 예쁘기에 사랑합니다.

아빠는 작은딸이 센스가 있어서 사랑합니다.

아빠는 작은딸이 건강하기에 사랑합니다.

아빠는 작은딸이 알뜰하기에 사랑합니다.

아빠는 작은딸이 아빠를 좋아하기에 사랑합니다.

아빠는 작은딸이 모든 일을 열심히 하기에 사랑합니다.

아빠는 작은딸이 친구들과 잘 어울리기에 사랑합니다.

아빠는 작은딸이 책을 가까이하기에 사랑합니다.

아빠는 작은딸이 근검절약하기에 사랑합니다.

그리고 앞으로도 영원히 사랑할 겁니다.

2009년 12월 30일 가족회의 날
작은딸을 사랑하는 아빠가

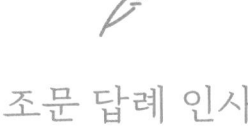

조문 답례 인사

안녕하세요? 정완영입니다.

지난 2019년 1월 26일 저의 아버지께서 향년 91세를 일기로 하늘나라로 가셨습니다.

아버지를 보내드리는 과정에서 많은 슬픔과 실의에 빠져 있을 때 위로의 말씀과 함께 정중한 조의에 힘입어 장례를 무사히 마칠 수 있었습니다. 고맙습니다. 당일에는 경황이 없어 결례된 점이 많아 송구스럽게 생각합니다.

응당 일일이 찾아뵙고 인사드리는 것이 도리이나 우선 지면으로 인사드리는 것을 관용하여 주시기를 바랍니다.

베풀어 주신 조문과 조의에 한없이 감사드리며 앞으로 귀댁의 대사에 함께 할 기회를 주시기를 바랍니다.

항상 건강하시고 뜻하시는 모든 일이 형통하시기를 기원합니다.

다시 한번 진심으로 감사드립니다.

2019년 2월 일 정완영 드림

　사람들 대부분은 관혼상제를 마친 후 도와주신 분들께 통상적으로 인사한다. 나도 아버지 장례를 치른 후 우편물로 간단한 인사 절차를 거쳤다. 물론 시간이 지나선 전화를 드리든 찾아뵙든 인사하는 방법을 찾았다. 최소한의 예의였다고 생각한다.

큰외삼촌 80회
생신 축하드립니다

안녕하세요?

봄기운이 완연한 3월 12일, 오늘 큰 외삼촌 80회 생신을 진심으로 축하드립니다. 그동안 외삼촌을 뵐 때마다 고맙다는 말씀을 전해드린 적은 있었지만, 편지로 저의 마음을 표현하는 것은 처음입니다. 저는 지금 외삼촌께 감사하고 존경한다는 말씀을 드리고자 합니다. 제가 많은 나이는 아니지만, 지금보다 더 어렸던 스무 살 무렵 직장 생활을 할 때 많은 고민과 갈등이 있었습니다. 외삼촌을 찾아뵙고 집안 사정 이야기며 저의 장래에 관한 상담을 많이 했었습니다. 그때마다 외삼촌께선 저의 깊은 마음을 헤아려 주셨고, 토닥토닥 어깨도 두들겨 주시면서 하시는 말씀이 있었습니다. "완영아, 너라면 뭐든지 충분히 할 수 있다"라는 말씀이었습니다. 물론 포괄적이고 어려운 이야기였지만 저는 "너라면 뭐든지 할 수 있다"라는 말씀에 큰 힘과 용기를 얻어 열심히 직장 생활을 한 결과 큰 회사에서 무사히 직장 생활을 마칠 수 있었고 이제는 작게나마 저의 사업체를 알차게 운영하고 있습니다. 외삼촌 고맙습니다.

　책에 나온 한 가지만 말씀드리도록 하겠습니다. '사람이 살아가면서 돈을 남기면 하수(下手)이고, 업적을 남기면 중수(中手)이고, 사람을 남기면 고수(高手)라고 하였습니다'. 이 말씀을 드리는 이유는 외삼촌께서 오랜 공직 생활을 하시면서 다 잘하셨겠지만, 주위에 외삼촌을 칭찬하는 사람이 많이 있다는 것을 알게 되었기 때문입니다. 일례를 들어보면 제가 사는 옥천군청에서 간부로 지낸 분이 외삼촌에 대해 이야기했는데 '정말로 훌륭한 분이다'라고 말했습니다. 그런 말씀을 들으시는 분이 저의 외삼촌이라는 사실에 감사하고 기쁠 뿐입니다. 외삼촌께서는 주위에 좋은 사람을 많이 남기셨으니 분명 고수(高手)이십니다.

　외삼촌 존경합니다. 오늘 80회 생신을 맞이하셨으니 앞으로 꼭 챙기셔야 할 것이 하나 있습니다. 그것은 건강입니다. 외숙모님과 함께 오래 건강하시길 바랍니다. 서두에도 말씀드렸지만 저는 전이나 지금이나 외삼촌을 존경하고 또, 앞으로도 존경할 겁니다. 다시 한번 오늘 큰 외삼촌 80회 생신을 진심으로 축하드리면서 저의 마음을 전해드립니다.

　2017년 3월 12일 완영 드림

위 편지는 나의 외삼촌(어머니의 큰 동생) 80회 생신 때 찾아뵙고 인사드리면서 고맙고 존경한다는 인사를 글로 전한 것이다. 올해 86세인 큰외삼촌께서는 아직도 큰 밭을 일구고 가꾸며 농사일하고 계신다. 이제는 연세로 보아 쉬실 때도 되었는데 건강을 위해서 농사한다고 하시니 더 이상 말릴 명분이 없다. 올해도 힘들여 지은 농산물을 어머니께 보내주시려나?

고맙습니다

　내가 사는 곳이 충청북도 옥천군이기에 지역신문인 '옥천신문'을 구독하고 있다. 옥천신문 인터넷판에는 여론광장이 있는데 누구나 본인의 생각을 자유롭게 이야기할 수 있는 좋은 공간이다. 가끔은 불만의 소리가 와글와글 울릴 때가 있는가 하면 정겹고 사람 사는 냄새가 나는 글들도 자주 올라온다. 나도 군민의 한 사람으로 보고 듣고 느낀 내용을 올린 적이 있다. 예쁜 글들이 더 많이 올라와서 고소한 냄새가 나는 동네가 되었으면 한다.

　여름 날씨는 더워야 제맛이라고는 하지만 지난 7월 중순부터는 하루도 빼놓지 않고 35도를 오르내리는 불볕더위 때문에 일상생활이 불편할 정도이니 걱정입니다. 뉴스에 의하면 열사병으로 인해 인명이 위험할 정도이니 모두 건강관리 잘해야 하겠습니다. 제가 고맙다고 말하는 것은 폭염 속에서 군민들을 위해 살수차가 도로에 물을 뿌려

줘서 고맙다는 겁니다. 실제 온도도 내려가겠지만 시각적으로도 더위를 이겨내는 데 많은 도움이 될 것 같습니다. 신문에 보면 여러 가지 무거운 문제들이 올라와 있지만 이번 살수차를 통한 무더위를 이겨내도록 조치해준 관계자분들께 고맙다는 인사를 전합니다.

옥천군청 직원,
현하영 님 고맙습니다

　저는 옥천에서 자영업을 하는 사람입니다. 결론부터 말씀드리겠습니다. 옥천군청에 근무하는 "현하영 님 고맙습니다"라고 말씀드립니다. 현하영 님께서는 얼마 전 재난지원 T/F에 파견되어 근무할 시기에 재난 지원금에 관한 문의차 방문하였는데 관련 규정과 본인이 알고 있는 내용(모르는 부분은 옆에 계신 분께 확인까지 해서)을 포함하여 자세히 설명해 주었습니다. 하지만 제가 원하는 답을 듣지 못하고 돌아왔습니다. 두 번째 방문도 비슷한 내용으로 상담하고 돌아왔습니다. 며칠 후 군청에 근무하는 현하영이라고 신분을 밝힌 분으로부터 전화를 받았습니다. 내용은 제가 상담했던 내용에 대해 일부지만 긍정적인 답을 받았습니다. 고맙습니다. 민원인이 찾아가서 상담한다 해도 모든 것이 다 해결되리라 기대는 안 합니다. 되는 것이 있겠고 안 되는 것도 있을 겁니다. 하지만 답은 분명히 해주어야 합니다. 현하영 님은 "이것은 되고 이것은 안 됩니다"라고 분명히 말해준 부분에 고맙게 생각합니다. 코로나19가 기승을 부리고 우리를 힘들게 하는 상황입니다. 옥천에도 확진자가 생겼다고 하니 안타까울 따름입니다. 관련하여 담당 부서는 물론 온 힘을 다해 방역에 최선을 다하는 모든 공직자 여러분께 고맙다는 인사를 전합니다. 코로나19 생활 수칙을 잘 지켜서 모두 건강하기를 희망합니다.

역시 옥천은
따뜻한 정이 흐르네요

　벌써 2주 전 일입니다. 옥천읍 희망약국 네거리에서 있었던 어떤 청년의 선행을 칭찬하려고 합니다. 1월 2일 오후 7시경 횡단보도 앞에서 신호 대기 중이었습니다. 건너편에서 술에 취한 노년이 신호등을 무시한 채 횡단보도를 건너오다 인도와 도로 사이 얼음판에서 뒤로 크게 넘어졌습니다. 붙잡을 수 없이 내 앞에서 벌어진 순간의 일입니다. 넘어진 충격으로 인해 잠시 미동도 없다가 눈을 깜박입니다. 이 광경을 목격한 청년이 급히 달려와서 상태를 살피더니 119에 신고했습니다. 사람들이 웅성웅성 모여서 한마디씩 합니다. 주위에 계신 분들이 힘을 합쳐 얼음판에 누워있는 환자를 약간 인도 쪽으로 옮겨드렸습니다. 119가 도착하기를 기다리다가 구경꾼(?)들은 아무 일도 없었다는 듯 각자 갈 길을 갑니다. 그 순간 신고를 했던 청년이 입고 있던 롱패딩을 벗어서 그분을 덮어드립니다. 내 나이 환갑을 넘어서도 감히 하지 못하는 일을 약관의 청년이 하는 것을 보고 부끄러웠습니다. 얼마 후에 119차량이 도착하여 응급조치하고 나서 환자를 태울 무렵에는 약관의 청년과 나만 남았습니다. 청년에게 간단한 인적 사항을 물어보니 거부 없이 알려줘서 휴대폰에 저장하고 수고했다는 말과 함께 헤어졌습니다.

그로부터 일주일 후 아들 같은 나이의 청년이기에 칭찬해 주고 따뜻한 식사라도 대접하려는 의도로 그 청년에게 문자를 보냈는데 내용은 아래와 같습니다.

"그 사고가 있던 날 현장에 있는 사람입니다. 패딩을 벗어서 덮어주고 끝까지 있는 모습에 놀랐습니다. 기회가 되면 만나보고 싶습니다"
답장은 이러했습니다.

"잘 지내시죠? 그때 경황이 없어서 감사 인사도 못 했습니다. 끝까지 함께해 줘서 고맙습니다. 그리고, 그 상황에서 저 말고 다른 사람이 있었어도 동일한 행동을 했을 겁니다. 따로 만나서 인사받을 행동을 한 것이 아닙니다. 연락 고맙습니다"

예의를 갖추어 인사도 잘하는 청년입니다. 옥천에 따뜻한 정이 흐르는 청년이 있기에 장래는 밝다고 생각하고 흐뭇합니다. 건강, 재물, 명예, 신뢰 등 뭐 하나 중요하지 않은 것이 없습니다. 하지만 저는 그 약관의 청년에게서 사람, 나눔, 봉사…. 뭐 이런 것을 배웠습니다. 그 청년이 잘되기를 바라며 옥천의 희망찬 미래를 점쳐봅니다.

감사장

감 사 장

아버지 어머니께 드립니다
그 동안 80년을 살아오시면서 많은 어려움이 있으셨겠지만 오직 가족과 자식들이 잘 되기를 바라는 마음에서 많은 가르침을 주셨습니다 또한 아버지 어머니께서는 열심히 그리고 현명하게 사시는 모습을 몸소 보여 주셨습니다 이에 오늘 80회 생신을 맞이하여 감사한 마음을 이 감사장에 담아 드립니다

2008년 3월 9일
4남매(애영,완영,미영,도영)일동

2008년 3월 9일 아버지 팔순 잔치에 4남매가 드린 감사장

위 내용은 지금은 돌아가신 아버지 팔순 잔칫날에 아버지 어머니께 자식 4남매가 드린 감사장이다. 2008년 3월 8일(음력 2월 7일)에 대전광역시 청사 전망대 레스토랑에서 나의 친가와 외가 식구들을 초대하여 간소하게 아버지 팔순 잔치를 했다. 맏이인 내가 주도한 잔치였지만 이것은 사실 우리 4남매 모두의 일이었다.

지금 보면 감사장이 초라해 보이기도 한다. 목제로 된 액자 틀에 컴퓨터로 작성한 A4지 인쇄물을 넣고 유리를 끼웠다. 그때 약간의 용돈을 봉투에 담아 함께 드렸던 것으로 기억하는데 평생을 길러주신 아버지 팔순 잔치이니 조금 더 화려하고 멋 나게 제작했더라면 어땠을까 하는 생각도 든다. 한편 자식이 부모님께 드리는데 금이면 어떻고 나무면 어떤가? 가지고 있는 마음이 중요하다고 생각한다. 지금은 하늘나라에 계시기에 몇 장의 사진으로나마 그리운 마음을 달래본다.

월급 버러지

    30년 이상 다녔던 회사가 현재 나를 이 자리에 있게 해주었다. 그때는 매월 주어지는 월급의 달콤함에서 벗어나지 못하고 그것이 전부인 것으로 생각했다. 만약 그때부터 미래인 지금을 생각했더라면 미래를 준비한다고 회사 일을 게을리했을지도 모른다. 어느 작가는 책에서 "피를 바쳐가면서 직장생활을 했다"라고 표현했다. 그렇지 않은 직장인들은 '지금'이 없는 걸까?

    직장생활을 하는 사람들에게 현재의 달콤함에 빠져 있지 말고 내일을 보라고 이야기하고 싶다. 엄포가 아니다. 아주 오래전 회사에서 근무할 때의 일이다. 정말로 모욕적인 이야기를 듣고 세상을 마감해야 하느냐는 생각까지 한 적이 있었다. 나이가 어리다고 자존심까지 없는 것이 아니다. 세상이 무너지는 것 같아 많이 울었다.

    군대 생활을 마치고 막 복직해 근무할 때 상사의 정당한 업무지시에 대해 납기를 맞추지 못한 일이 있었다. 아주 오래전의 일이기는 하지만 그

지시받았던 기획업무가 중요했던 일인 것 같다. 대가로 회의 시간에 내가 상사에게 들은 말이 있다. "당신은 월급 버러지야!" 이 책을 읽는 독자들은 물론 세상 모든 사람에게 물어보고 싶다. "만약 당신이 이런 이야기를 들었다면 어떻게 했을까요?" 서로 다른 대답이 백 가지는 나올 것이다. '오죽 일을 못했으면 상사에게 이런 이야기를 들을까?'부터 '그런 회사 당장 집어치우세요.' 등등. 나는 자존심 상하는 것을 넘어 생을 마감하고 싶을 정도의 마음을 가지고 방황했다. 머지않아 나는 이 욕이 월급 값이라는 것을 깨달았다. 또한 내가 앞으로 나아갈 길을 알려주는 천하의 명약으로 삼았다. 상사가 나를 너무나도 사랑했기에 정신 차리라고 회초리를 들었다고도 생각했다. 그때부터 나는 직장에서의 주관이 또렷해졌다. 오로지 실력 있는 자만이 살아남는다는 것을…. 업무를 위해 체력을 보강했고, 잠도 줄이고, 눈알 돌아가는 소리가 들릴 정도로 정신을 차렸다. 그 사건 이후 어떤 결정을 했는지에 따라 상황은 많이 달라질 수 있었다고 생각한다. 만약 자존심만 내세워 회사를 나왔더라면 어떤 결과가 있었을지는 분명치 않다.

직장생활을 하는 분들께 하나만 충고하고 싶다. 명약을 주는 상사가 있다면 그 약을 거부하지 말고 받아먹으라는 말이다. 몸에 좋은 약은 입에 쓰다고 한다. 그 사건이 있고 난 뒤 나에게 명약을 처방했던 그분은 세월이 흘러 높은 지위까지 올라갔지만 나보다 10여 살이나 많았던 분이기에 나보다 먼저 회사를 떠났다.

명약을 처방해 준 당시 과장님 고맙습니다.

문지원(2)

사랑하는 문지원에게

2019년 8월 무더위 속에서 문지원이라는 이름을 가지고 엄마 정상미, 아빠 문하준에게 와주어서 정말로 고맙게 생각해요. 할머니, 할아버지에게는 지금까지 경험하지 못한 세상에서 단 하나뿐인 기쁨을 가져다주어서 고맙고, 문지원이 할머니, 할아버지의 손주가 되어 주어서 또 한 번 고마워요. 얼마 있으면 지원이의 나이가 두 살이 될 텐데 할머니, 할아버지를 만난 지가 벌써 그렇게 되었나요?

문지원에게 이 기회를 빌려 고백할 것이 있어요. 문지원의 엄마, 아빠가 부담을 느낄 것 같아 자주 연락하지는 않았지만 매일 옆에서 문지원의 얼굴을 보고 커가는 모습을 지켜보고 싶은 정도예요.

이것이 할머니, 할아버지의 욕심인가요? 세상은 넓고 할 일이 많아요. 문지원이 건강하고 총명하게 자라서 먼 장래에 이 세상에서 존경받고 사랑받는 그런 사람이 되었으면 하고 바래요. 이것은 사랑하는 엄마와 훌륭한 아빠가 있기에 욕심이 아닌 현실이 될 것이라고 믿어 의심치 않아요. 문지원 앞에는 파란 하늘과 하얀 종이가 있어요. 그리는 대로, 생각하는 대로 이루어질 것이라고 생각해요.

문지원 사랑해요.
2019년 크리스마스이브에 할머니, 할아버지가 문지원에게 보내요

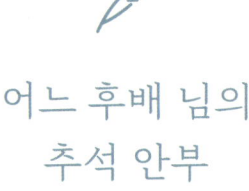

어느 후배 님의
추석 안부

회장님 안녕하세요?

잘 지내고 계시지요? 보내주신 선물은 감사히 잘 받았습니다.
  선물은 너무 감사한데 전에 말씀드렸듯이 제가 너무 부담이 갑니다. 저도 장사를 하는 입장에서 매년 명절에 선물을 많이 보내고 있습니다. 저도 회장님께 선물을 보내드려 볼까 생각도 많이 했지만 부담스러워하실까 봐 그렇게 하지 못했습니다.

  그런데 이렇게 매번 선물을 보내주시면 저도 보내드려야 할 것 같습니다. 한번 보내기 시작하면 평생 보내드려야 하는데 부담스럽지 않으실는지요?

  회장님 마음은 충분히 알고 있고 이해하고 있습니다. 앞으로는 제발 선물을 보내시는 것을 멈춰주세요. 마음으로 충분합니다.

다음에 다시 보내시면 저도 꼭 보내드립니다. 이렇게 말씀드려서 죄송합니다.

제 마음 널리 헤아려 주시고 추석 명절 잘 보내시기를 바랍니다.

해피 추석용! 사랑합니다.

상일 아빠!
안녕하세요?

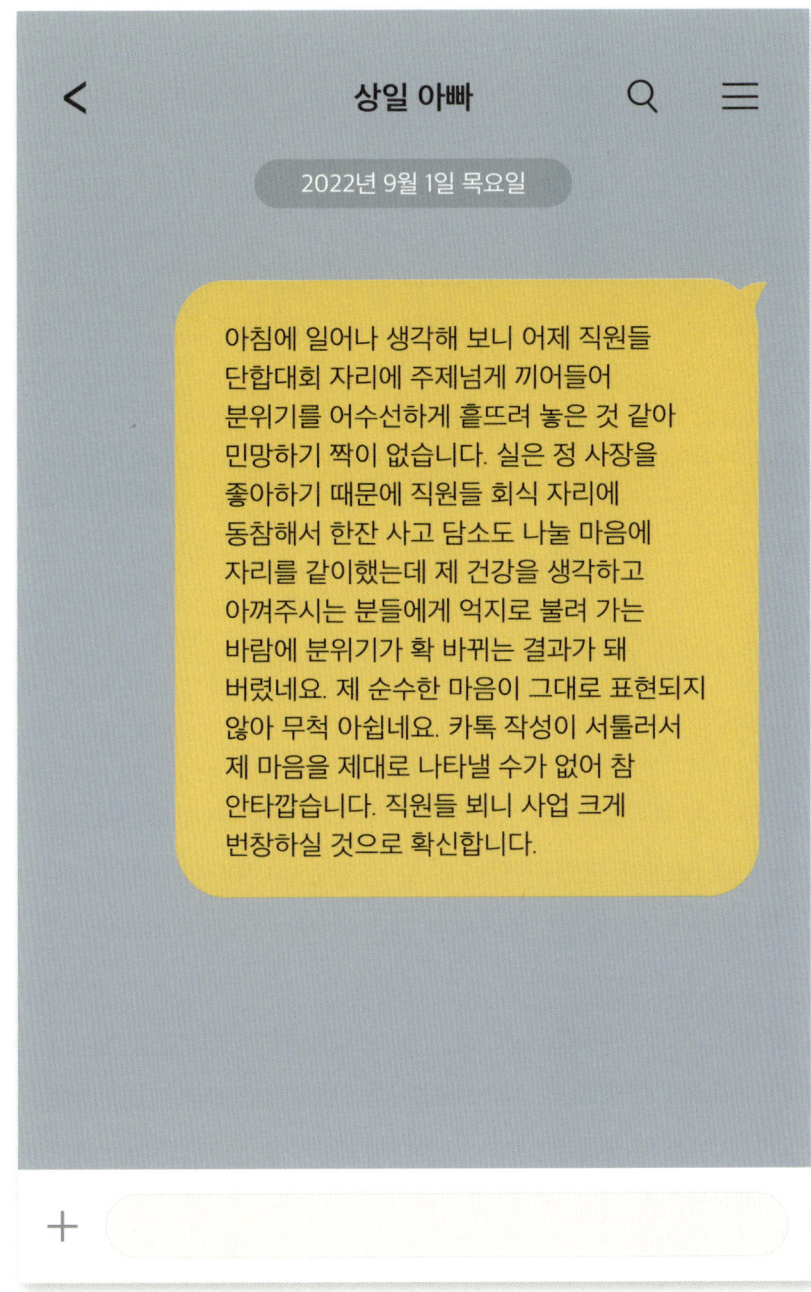

2017년
장인어른 별세

처남들, 처제, 유 서방, 그리고 내 처에게 보냅니다. 우리에게는 영원히 오지 않으면 좋았을 일이 오고야 말았습니다. 사랑하고 존경하는 아버님을 하늘나라로 보내드린 슬픔이 가득합니다. 부족하지만 사위로서 열심히 쫓아다녔습니다. 부족함이 있었다면 용서를 바랍니다. 그리고 무엇보다 중요한 것은 절대로 어머니께서 마음 상하지 않으시도록 하는 일입니다. 또한 빠른 시일 내에 심신의 피로가 가실 수 있도록 자식들이 똘똘 뭉치는 일입니다. 저는 잘 될거라고 생각합니다.

사위 완영

장모님을 보내드리고

세 명의 처남들, 처제 내외와 내 처 이미경에게 보냅니다.

2017년에 존경하는 장인어른을 하늘나라로 보내드렸습니다. 장모님께서도 영원히 사실 거라고 생각지는 않았지만 갑자기 보내드리게 되니 황망하기 그지없습니다.

장인어른께서 훌쩍 떠나신 후 상심하신 장모님을 모시고 잠깐이지만 여행을 다녀왔습니다. 그때 찍어드린 곱고 환한 얼굴의 사진이 영정사진이 되리라 미처 생각지 못했습니다.

언젠가 장모님께 여쭈었습니다. 사시면서 언제가 가장 기쁘셨냐고? 대답은 이러했습니다. "열심히 일해서 땅 사는 것이었다"라고 말씀하셨어요. 땅 한 평 가지고 가시지 못하면서, 당신들을 위해서는 만

원짜리 한 장 가지고도 벌벌 떠셨던 것 같습니다. 그렇게 열심히 자식들을 위해 헌신하셨고 악착같으셨습니다.

님들은 이제 가셨습니다.

계실 때 한 번이라도 더 찾아뵙고, 안부 전화 더 드리고, 입에 맞는 것 잡수시도록 하지 못한 것, 다정한 말씀 나누며 손잡아 드리지 못한 것, 직접 모시고 살지 못한 것에 대해 사위는 후회합니다.

이제 남아있는 사람들은 무엇을 어떻게 해야 할까요?

나와 이미경은 훌륭하신 장인어른, 장모님을 마음속에 새기며 남 손가락질 받지 않도록 열심히 살겠습니다.

2024. 2. 29
고 이 갑(자) 종(자)
고 양 숙(자) 자(자)의 사위 정완영

5장

바라고, 소망합니다

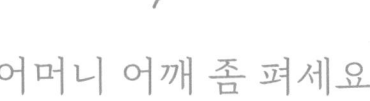

어머니 어깨 좀 펴세요

76년 전 결혼하신 어머니께 결혼 전 이야기를 들었다. 외할아버지께서 결혼 날짜를 잡아놓으신 어머니를 불러 앉혀놓고 당부하셨다고 한다. 외할아버지는 넉넉한 집에서 자란 어머니가 걱정되셨는지 "시집가서 절대로 고개를 바짝 들고 다니면 안 된다"고 말씀하셨다. 시댁 어른은 물론 동네 사람들에게 '못 배웠다'라는 이야기를 들어서는 안 된다고 생각하신 모양이다.

95세가 된 어머니 얼굴에는 지난 세월로 생긴 주름이 깊게 자리 잡았고 체중과 키가 많이 줄어들었다. 아직 허리는 꼿꼿하지만, 어깨가 앞쪽으로 굽었다. 굽은 어깨가 어머니를 더 작아 보이게 하는 듯하여 '어깨 좀 펴세요'라고 말씀드리면 '이때다'하고 어깨가 굽은 이유를 줄줄이 설명하신다.

"내가 결혼하기 전에 너의 외할아버지께서 나를 불러 앉혀놓고 시집가서 절대 고개를 꼿꼿하게 들고 다니면 안 된다고 말씀하셨지."

아마 거짓말 조금 보태 백 번은 들었음 직하다. 결혼 후 어머니는 외할아버지 말씀대로 어깨가 굽을 만큼 평생을 고개를 숙이고 조신하게 사셨다. 어떤 사람이든 같은 자세를 오랫동안 반복하면 체형이 바뀔 수밖에 없다. 외할아버지 말씀대로 살아온 지 76년 정도 되니 지난 세월이 어깨에 남았다. 주위를 돌아보면 어머니보다 연세 많으신 분 만나기가 어려운 지금, 이제는 고개를 들어도 될 법도 한데 어머니는 여전히 고개를 숙이며 사신다. 어머니의 굽은 어깨지만 미워 보이지 않는다. 어깨가 굽을 정도로 조신하게 살아 온 어머니께 자식으로서 상(?)이라도 드려야 하지 않을까 생각해 본다.

동네에 어머니보다 연세가 많은 분이 없으니 고개 바짝 들고 당당하게 사세요! 그러면 어깨도 쫙 펴지지 않을까요?

병역명문가 집안

　명문가라고 하면 사회적 신분이나 직위가 높고 학식과 덕망을 갖춘 훌륭한 집안이라고 정의한다. 그런데 병역명문가도 있다. 대한민국에서 3대가 모두 현역 군인으로 만기 전역한 가문을 말한다. 2004년 참여 정부 때 병무청에서 병역의 의무를 성실히 수행한 가문을 찾아 보상하고 그 헌신을 기리기 위해 처음 실행된 정부 주관 프로그램이다.

　자료에 의하면 전국적으로 11,912 가문 59,270명이 있다고 한다(충북지방병무청 보도자료 2023년 7월 26일). 우리 가족도 병역명문가로 선정됐는데 아버지, 나와 남동생 그리고 아들이 현역 군인으로 근무한 덕분이다. 선정된 가문은 명예는 물론이요, 정부 주관 행사 시 초청 및 여러 국·공립시설 이용료 면제 또는 할인받게 된다. 여러 혜택이 있지만 국가가 인정하는 병역명문가증은 현역 군인으로 다녀온 기간이 헛되지 않다는 것을 위로받기도 한다.

　사람마다 본인 관심사에 따라 접근하는 방식이 다르다. 나는 대한민국 국민으로서 4대 의무 중 하나인 병역의무를 성실하고 자랑스럽게 마쳤다고 생각한다(물론 병역의무를 마치는 것이 현역 군인으로 다녀오는 것만은 아니라는 점은 밝혀둔다). 어떤 이들은 군 생활 기간이 아깝다고 생각할지 모르겠으나 나는 좋은 시간이었다고 생각한다. 지금도 그때의 신체 건강과 정신건강을 자랑스럽게 생각하기 때문이다. 대한민국 현역 군인이 되기 위해서는 검사를 거쳐 합격한 사람만이 갈 수 있는데 신체와 정신이 건강한 것만으로도 행복 중의 큰 행복이라고 할 수 있다. 현역 군인으로 생활하는 기간 중 여러 가지 불편한 점이 있을 수 있다. 불편한 것을 피하고자 혹은 다른 개인의 목적을 달성하기 위해 부정한 방법으로 병역의무를 회피하는 것을 왕왕 보지만 반대되는 일도 있다. 이는 인터넷 검색으로도 쉽게 발견할 수 있는 글들이다. 국왕 아들이지만 특혜 없이 다른 군인과 같은 훈련을 받은 브루나이 왕자와 영국 해리 왕자, 왕실 최초 현역 장성 포부를 밝혔다는 내용도 접할 수 있다.

병역명문가 제도는 참 좋은 제도라고 생각한다. 3대 모두 현역 군인으로 자부심을 품고 살아간다면 아마 좋은 일만 있으리라 생각한다. 이것은 나의 바람이기도 하다.

아버지 사진 보면서 대화하기

　요즘은 통신 수단이 매우 발달해 마음만 먹으면 장소와 시간 상관없이 누구와도 소통할 수 있다. 담 너머 사는 옆집 사람과 휴대전화로 통화를 하는가 하면 우주선을 탄 사람과도 교신할 수 있다. 휴대전화가 발달하기 전에는 HAM(아마추어무선)도 일부 특정인의 통신 수단이나 취미생활로 활용하는 사람들이 꽤 있었다(물론 지금도 HAM은 개인적인 취미생활의 수단이나 특수 목적으로 활용하고 있는 것으로 안다). 또한 마을 이장이 마을 주민을 위해 스피커로 방송하거나 문자, 카카오톡, 이메일 등으로 소통한다. 이러하듯 상대방과 소통하는 방법은 위에 열거한 방법 외에도 수없이 많을 것이다.

　나는 4년 전 돌아가신 아버지의 사진을 보면서 대화한다. 대화라고 했지만 내가 하고 싶은 말만 하고 대답은 내가 원하는 쪽으로 해석해서 듣는다. 넋두리도 있고 어려운 일에 봉착했을 때 현명한 방법을 여쭙기도 한다. 반면 집안에 좋은 일이 있을 때도 어김없이 아버지 사진 앞에서 대화를 나눈다. 나는 10년 전 동네 사진관에서 부모님의 사진을 찍어 놓았다. 부모님이 속상해하실까 봐 말은 하지 않았지만, 영정사진으로 찍어드렸다. 사진을 액자에 넣어 부모님 하나 드리고 네 남매가 각자의 집에 하나씩 보관하도록 했다. 나는 액자를 사무실 책장 잘 보이는 곳에 두었다. 자주 사진 앞에 서서 경건한 마음으로 인사를 드린다. 또한 사업, 가정에서 생기는 고민이 생기면 대화한다. 가끔 어머니가 편찮으실 때도 중얼중얼 말씀드리고 아버지의 막내 손녀 결혼이 있을 때도 말씀을 드렸다. 옆에는 안 계시지만 마치 살아계신 아버지께 말씀드리는 것처럼. 어떤 때에는 사진 앞에서 중얼대는 나 자신이 우습기도 하고 '왜 이러지?' 하고 생각할 때도 있지만 앞으로도 아버지와 대화하고 싶다. 좋은 말씀을 많이 전해주시기를 희망하면서.

어머니의 친구 그네

　누구나 좋아하고 원하는 것이 있다. 어머니는 그네를 좋아하신다. 과거 부모님이 사시던 대전 동구 끝자락에 작은 밭이 있다. 그 밭 한 귀퉁이에 원두막이 지어져 있다. 나무 기둥에 슬레이트 지붕으로 되어 있고 집에서 밭까지 수도관을 연결해 지금까지도 편리하게 사용하고 있다. 밭일하다가 식사하거나 낮잠을 자는 쉼터로 10여 명은 족히 앉을 수 있는 넉넉한 공간을 요긴하게 사용하고 있다. 1980년에 만든 원두막이라 나무 기둥이 썩어 최근에 쇠 파이프로 기둥만 교체해 더욱 튼튼해졌다. 돌아가신 아버지께서 어머니를 위해 그네 하나 매어 주셨다. 아버지는 워낙 손재주가 좋아 그네 하나쯤 어렵지 않게 만드셨다. 대들보에 쇠사슬을 매달고 의자까지 만들어 비 오는 날에도 원두막에서 그네를 탈 수 있도록. 부모님이 그곳에 사실 때 그네를 친구처럼 아끼고 많이 타셨다.

몇 년 전 아버지가 돌아가시고 홀로 계신 어머니를 내가 사는 충북 옥천으로 모시고 와서 함께 살고 있다. 그래서 원두막에 매어져 있는 그네를 더 이상 이용하실 수가 없다. 어머니는 그네를 항상 그리워하셨다. 연세 많은 노인이시기에 주간보호 센터에 가서서 활동하는 시간 외에는 집에 계시는데 심심하신 모양이다. 원두막 그네를 그리워하시면서 집에도 하나 있었으면 좋겠다는 말씀을 가끔 하셨다. 요즘은 기성품으로 그네가 예쁘게 만들어져 있고 비싸지 않아 쉽게 구매할 수 있다. 하지만 친구처럼 여기시는 그네를 아들 손으로 직접 만들어 드리면 더욱 의미가 있겠다고 생각했다.

  살고 있는 집안에(단독주택) 놓을 수 있는 크기로 안전을 고려한 그네를 구상하고 유튜브와 인터넷을 참고해 방법을 배웠다. 재미도 있었지만 직접 만들 수 있다는 자신감도 생겼다. 발품 팔면 인터넷에서 자재는 구할 수 있지만 만들 때 필요한 연장이 문제였다. 달랑 톱, 망치, 못만으로는 안 되는 것이었다. 대패, 전동드릴, 걸쇠… 등 필요한 것이 많았다. 그네를 만들기 위해 연장을 새로 사기는 부담이 됐지만 최대한 많이 준비했다. 하지만 만드는 과정에서 오류가 발견됐다. 치수 계산을 잘못하기도 하고, 맞물리는 부분의 각도가 틀리고, 못의 크기가 너무 커서 나무가 쪼개지고… 마무리할 때쯤 눈썰미 좋은 막냇동생 도움을 받아 간신히 완성했다. 나무가 쉽게 썩지 말라고 페인트까지 칠해놓으니 그럴듯했다. 만들어 놓고 보니 내가 스스로 대견했다. 예쁜 것 없이 투박한 그네지만 어머니께서 원하시던 걸 만들어 드렸다는 성취감이 컸다. 예쁜 기성품 그네를 사드릴 수 있지만 어머니 살아계시는 동안 아들로서 정성을 다하기 위해서 투박하지만 직접 만든 그네다.

아쉬움과 홀가분함

국어사전에 '아쉬움'은 '아쉬워하는 마음. 또는 그런 상태', '홀가분하다'는 '거추장스럽지 아니하고 가볍고 편안하다'라고 설명한다. 사람마다 정도의 차이는 있겠지만 계획되어 있던 어떤 일을 마치고 나면 성과를 따지게 된다. 꼭 성과라는 형식에 얽매이지 않더라도 잘한 점, 아쉬운 점, 보강해야 할 점 등을 생각한다.

얼마 전 막내딸 결혼식을 마쳤다. 주위 분들께서 "시원섭섭하지?"라고 물으셨는데 전혀 그런 감정을 느끼지 못했다. 무덤덤했다. '막내딸을 결혼시키면서 무덤덤한 감정을 갖는다니 아빠 맞아?'라고 할 수 있지만 딸을 사랑하지 않고 아끼지 않아서 그런 것이 아니다. 결혼이라는 것이 일상에서 있는 일이고 누구나 한 번씩 하는 일인데 굳이 감정을 실어 슬픔과 기쁨을 나타내는 것이 이상하다. 감정을 숨길 필요도 없지만 너무 가볍게 촐랑대는 것도 어른으로서 품위를 잃는 것이 아닌가 생각해 본다.

하지만 굳이 둘 중 하나를 선택해야 한다면 '홀가분하다'에 비중을 두고 싶다. 평생을 함께할 좋은 사람을 만나 결혼하는데 왜 아쉬움을 가질 필요가 있겠는가? 결혼식이 진행되는 동안 아내는 약간의 눈물을 비추었다. 결혼식을 마치고 왜 눈물을 보였냐고 물으니 "저도 모르겠어요"라고 했다. 분명 그 눈물은 기쁨의 눈물이었을 것이다. 국어사전에서 결혼은 '남녀가 정식으로 부부관계를 맺음'이라고 정의한다. 만인 앞에서 정식적인 부부가 된 막내딸! 결혼 축하한다.

어머니가 아들보고
동생이라 하시네, 치매이신가?

　어머니는 육 남매로 외삼촌 두 분이 계신다. 큰외삼촌은 어머니보다 9살이 적지만 86세이니 적은 연세는 아니다. 공직에서 정년퇴직 후 소일거리로 농사를 지으신다. 외삼촌에게 가끔 안부 전화를 드리는데 며칠 전에도 평소와 다름없이 안부를 여쭤봤다. 최근 어머니 소식을 전하며 외삼촌 내외분 안부도 여쭈었다. 외숙모님 이야기에 잠시 머뭇거리셨다. "외숙모가 무릎이 아파 깁스했는데 많이 나았다"라고 하셨다. 농사일이 많아 어깨, 무릎 허리가 편할 날이 없는 것은 이미 알고 있었지만, 깁스 이야기를 들으니 마음이 편치 않았다. 외삼촌이 계시는 곳은 집과 한 시간 거리기에 이튿날 아내와 함께 찾아뵀다.

　비가 조금씩 내리는 날씨인데도 두 분은 밭에서 일을 하고 계셨다. 외숙모는 깁스를 풀어놓고 아픈 다리를 쭉 편 채로 낮은 의자에 앉아 뭔가를 하고 계셨다. 인사를 드리고 나오는데 콩, 두릅, 부추, 상추, 작년 가을에 추수한 들깨, 고구마 조청 외에도 이것저것 봉지에 듬뿍 넣고 계셨다. 그날 저녁 어머니께 외삼촌 내외를 뵙고 온 내용을 자세히 말씀드리며 챙겨주신 채소를 다듬었다. 어머니는 "동생이 청주에 가서 얻어온 모양이네"라고 하셨다. '무슨 말씀이지?' 귀를 의심하면서 잠시 어리둥절했고 아내와 눈이 마주쳤는데 아내 역시 눈을 동그랗게 뜨고 쳐다본다. 어머니가 아들보고 동생이라고 하신다. '혹시 치매 증상인가? 큰일이다' 생각하며 잠시 호흡을 조절한 다음 어머니 눈치를 보며 조심스럽게 여쭈어보았다.

"동생이 청주에 가서 얻어왔냐고 하셨어요?"

"내가 언제 그랬어? 아들이 다녀왔냐고 했지. 아들보고 동생이라고 하다니 내가 노망이라도 들었다는 이야기야?" 하셨다. 여러 가지 말씀을 나누다 보니 어머니께서 헷갈리신 모양이다. 다행이다. 육 남매 중 두 분만 계셔서 자주 만나는 자리를 만들어야 하는데 그렇지 못한 것이 현실이다. 언젠가 후회할 수 있는데 말이다.

바라고, 소망합니다

나의 운동(3)

　나는 운동 세 가지를 하고 있다. 그중 마지막으로는 3년 전부터 시작한 '123운동'이다. 123운동이라고 해서 거창한 것은 아니고 일상에서 실천할 수 있는 것에 숫자를 붙인 것이다. 123운동의 1은 하루 한 곳 이상 방문(한 사람 이상 만남)하는 것이다. 지나가다 마주치는 것이 아니라 의도적으로 좋은 사람을 만나도록 노력하자는 의미가 있다. 예를 들면 과거의 고마움을 식사 대접 혹은 선물로 보답하는 것이다. 이것이 사람 살아가는 도리이자 낙이며 인간관계를 넓혀 나를 더욱 큰 사람으로 만들 수 있다고 생각한다.

　123운동의 2는 하루 두 명 이상에게 전화하는 것이다. 주로 안부 전화가 많다. 자주 만나거나 잘 알고 지내는 사람에게 전화하기는 아주 쉽다. 하지만 이 운동 목적상 어제와 다른 사람에게 전화하는 것이 목표이기 때문에 며칠만 지나면 전화할 사람이 금세 동이 난다. 그러면 며칠 사이에

두 번, 세 번 전화하는 경우가 생긴다.

　123운동의 세 번째 3은 하루 세 명 이상에게 문자나 카카오톡을 보내는 운동이다. 그나마 3은 1, 2보다 쉽다. 인터넷으로 정보 얻기가 쉬운 요즘 적절한 문구가 생각이 나지 않는다면 검색으로 문구를 인용하거나 지인으로부터 받은 문구를 재전송하는 때도 많다. 하지만 문자나 카카오톡을 주고받다 보면 A에 받은 내용이 B에서도 오는 경우가 많다. 자주 사용되는 내용이 성의 없어 보일까 봐 내 생각을 덧붙여 보내기도 한다.

　이 운동을 언제까지 할 것인지는 모르겠지만 지속하고 싶다. 1, 2, 3을 가벼운 숫자라고 생각할 수 있다. 나 역시도 하루 한 명을 만나고 두 명 이상에게 전화하고 세 명에게 문자를 보내는 일이 쉽다고 생각했다. 하지만 막상 시작하고 보니 유지하기 어렵다.

　123운동은 기본적인 활동을 담았기에 간혹 상대방이 이 운동의 목적을 궁금해하지 않을까 생각한다. 하지만 다른 사람이 나를 찾기 전에 내가 먼저 다가가는 것이니 그런 걱정을 할 필요는 없다. 가볍게 생각하고 시작한 운동이 습관이 되어 자연스러워졌지만 절대 쉽지 않다는 것에는 변함이 없다. 1, 2, 3 숫자를 어렵게 사용하고 있고 목표를 달성하기 위해 부지런히 노력하고 있다. 정말 세상에 쉬운 것은 아무것도 없다.

빠르게 돌아가는 시곗바늘

'사업하는 사람이 은행에서 자금을 빌릴 수 있다면 그 사람은 부자다.'

누군가가 나에게 해 준 이야기다. 은행서 자금을 빌려 사업하는데 그 사람이 부자라고? 한편으로 생각해 보면 맞는 말이기도 한 것 같다. 직원 한 명을 고용한 경영주이던 100명의 직원과 함께 기업을 운영하는 경영주이던 직원들에게 월급을 주는 경영주라면 대단한 사람이라고 나는 생각한다.

코로나19 팬데믹의 긴 터널을 지나며 업종에 상관없이 소상공인들은 어려움을 겪고 있다. 물론 배달 음식, 택배 등 몇몇 업종은 그 영향권 밖에 있다고 들었다. 나는 작은 사업체를 운영하며 은행에서 얼마간의 운영자금을 빌려 매달 이자를 납부하고 있다. 월급을 주고 나면 며칠 후는 은행 이자를 납부하는 날이다. 팬데믹의 영향에서 완전히 벗어나지 않은 요즘도 마찬가지다. 외상 판매 대금이 들어오는 데는 목이 늘어지고 눈이 빠지도록 기다려도 쉽지 않은데 월급날과 이자 지급일의 시계는 고장도 나지 않고 왜 이렇게 빨리 돌아가는지 정말 알 수 없다.

이제 세계가 한 가족이다. 미국의 금리 인상이 실시간으로 우리나라에 적용된다. 가파르게 올라간 이자율로 소상공인은 물론이고 영끌족 아파트 구매자들의 한숨이 깊어지고 눈물이 마를 날이 없는 것 같다. 이자율이 단숨에 두 배 상승하여 그야말로 폭탄을 지고 사는 것과 같다. 잠시라도 한눈을 팔면 천 길 아래 낭떠러지로 내동댕이쳐지는 처절한 상황이 될 수 있다.

늦었다고 생각할 때가 가장 빠르다는 말이 있듯이 지금부터 마음을 다잡고 기본을 충실히 하는 것이 최고의 방법일 것이다. 나의 노력이 부족하고 행동이 굼떠 어려움을 자초한다면 그것은 본인의 책임이다. 하지만 지금처럼, 어쩔 수 없는 외부 영향으로 인해 어려움을 겪고 있는 모든 사람에겐 희망의 빛이 찾아오는 날이 하루라도 빨리 왔으면 하는 바람이다. 그래야 시곗바늘이 사정없이 빠르게 돌아가는 것처럼 느껴지지 않을 것이다.

시계가 고장 나지 않고 정상적으로 돌아가도 모두가 희망을 품는 초록색 세상이 되는 그런 날을 기대한다.

봉송(封送)

봉송(封送):물건을 싸서 선물로 보냄. 또는 그 물건

　본관(本貫)이 동래(東萊)인 나는 매년 음력 10월 1일에 경북 예천에서 지내는 시향(時享)에 다녀온다. 혼자 참석할 때도 있지만 아우와 함께 가는 경우가 대부분이다. 1년에 한 번 하는 행사이다 보니 일가(一家)를 만나 선조(先祖)에 대한 정보도 듣고 정담도 나누면서 미래에 관해 이야기한다. 일가와 함께 식사를 마치고 종중(宗中)의 현안들을 상의하면, 모든 행사를 마치고 귀가하게 된다. 정성스럽게 만들어 제물로 올렸던 음식 중 떡과 과일 등은 조금씩 나누어 참석자들의 손에 들려지는데 우리는 이것을 봉송(封送)이라 한다. 이번에는 손바닥만 한 크기의 떡 네 쪽과 귤 두 개가 검정 비닐봉지 안에 들어있다. 귀가하여 어머니께 아우와 함께 시향에 다녀왔다고 말씀드리고 봉송을 내밀며 "예천 시향에 다녀왔습니다. 어머니 드시라고 하던데요"라고 말씀드린다. 이런 것을 선의의 거짓말이라고 하던가? 봉송을 건네받은 어머니께선 검정 비닐봉지를 풀어보시면서 "맛있겠다"라는 말씀과 함께 "어미도 함께 먹자"라며 맛을 보신다. 95세인 어머니는 옛날 사람이라 시향을 다녀오면 봉송을 싸주고 하는 풍습에 대해 잘 아신다. 봉송을 받아 펼쳐보시면서 "진짜로 엄마 먹으라고 하던가?"라고 재차 확인까지 하신다. 맛을 보신 어머니는 떡이 맛없는지 시큰둥하시다. 입맛이 변하신 것인지 진짜로 맛이 없는 것인지 모르겠다.

"조상님께 올렸던 떡이니 맛이 있든 없든 드시면 복 많이 받으실 거예요."

나는 어차피 가져온 봉송이니 그냥 어머니 기분 좋게 해드리려고 드리는 말씀이었는데 정말로 그런가 하고 확인까지 하신다.

시향에 참석하는 종인(宗人)의 나이가 어림잡아 80세 정도 되는 분들도 많은 것 같다. 젊은이들도 이런 시향에 많이 참석하여 조상을 섬기는 일에 정성을 다하면 좋겠다는 기대를 해본다.

꿈 이야기

　나의 아버지는 4년이 넘은 추운 겨울, 돌아가셨다. 돌아가신 후 두 번 정도 꿈에 나타나셨는데 잠에서 깨어보면 금방 내용을 잊어버려 아쉬움을 남겼다. 며칠 전 꿈에도 나타나셨는데 혹시라도 잊어버릴까 봐 자다가 일어나 꿈 내용을 노트에 대강 메모했다.

　그날은 아버지의 누님이신 큰 고모님도 보였다. 내가 초등학교에 다닐 때 고모님은 우리 집에서 그리 멀지 않은 곳에서 살았다. 우리 동네에서 면 소재지를 지나 고모님 댁을 가려면 버스가 없어 4킬로 정도를 산 넘고 물 건너 걸어 다녀야 했다. 그러나 꿈에서 뵌 그날 고모님은 집에 가기 위해 버스정류장에서 모자를 쓰시고 작은 보자기로 싼 봇짐과 TV 박스를 손에 들고 버스를 기다리고 계시기에 우리 집으로 모시고 왔다.

　음력으로 2월 초는 돌아가신 아버지의 생신이었다. 아직 음력으로 2월 초가 되려면 조금 남았지만, 많은 가족, 친지들이 아버지의 생신을 축하하기 위해 집으로 모여들었다. 방 3개, 주방, 거실과 화장실이 있는 주택에 40여 명의 가족, 친척들이 모여들었으니 방이고 거실이고 주방이고 온통 북새통이다. 혹시 주무시고 가실 분을 위해서 방 2개가 있는 사랑채도 미리 준비해 놓았다. 생신인 아버지께 인사를 하는 것이 마치 결혼식장에서 혼주와 인사하기 위해서 줄을 서서 기다리는 것처럼 보였다.

지금은 두 분 모두 돌아가셨지만, 아버지 남매를 한꺼번에 꿈에서 뵐 수 있어 좋았다. 집 안과 밖은 온통 핑크빛으로 보이고 시끌벅적했지만, 질서와 예의를 갖추면서 화목한 모습으로 보였다. 생신 축하, 핑크빛, 남매 간의 만남, 가족 친지의 모임 등을 생각해 볼 때 길조임이 분명하다.

올 것이 왔다

어머니 연세 아흔다섯. 왜소한 체격이지만 강단이 있으신 편이다. 아직 누구의 도움도 받지 않고 일상생활을 무난히 하신다. 어머니의 활동 내용 몇 가지 열거한다.

1. 돋보기를 끼고 바늘에 실을 꿰어 손바느질을 손수 하신다.
2. 재봉틀을 이용하여 옷가지를 수선해 입으신다.
3. 뜨개실을 이용하여 설거지용 수세미를 짜서 선물하신다.
4. 오일장에 가서 고추모와 상추씨를 사다가 텃밭에서 채소를 가꾸신다.
5. 글씨를 잊지 않기 위해서 항상 노트에 메모하신다.
6. 대문 앞 청소는 어머니 담당이다.
7. 대여섯 평 되는 마당 잔디 깎는 것은 어머니 몫이다.
8. 다리 근육이 빠진다고 그네를 타면서 다리운동을 하신다.
9. 아침에 눈을 뜨고 일어나기 전 스트레칭을 20분하신다.
10. 속옷만큼은 아직도 직접 손빨래해서 입으신다.

하지만 나이는 속일 수 없다. 얼마 전 어머니께서 드시는 약이 떨어져 신경정신과에 다녀왔다. 아버지께서 돌아가신 후 약간의 우울증 증세가 있어 약을 드셨는데 우리 집으로 오신 후 새로운 병원을 찾은 것이다. 물론 전에 다니던 병원에서 받은 처방전을 제시했다. 치매에 관한 검사를 하는 것 같았다. 몇 가지 질문을 했는데 결과적으로 일부 치매 증상이 있다는 것이다.

올 것이 왔다. 지금은 혼자서 가까운 곳에 있는 마트에서 아이스크림을 사다가 냉장고에 넣어두는 일이나 집 근처 운동기구를 이용하여 운동도 가볍게 하신다. 하지만 진찰을 마친 의사는 집에 오는 길을 잃을 수도 있다고 설명했다. 의사 말에 어머니께서는 당치도 않은 이야기라며 목소리를 높이셨다. 어머니를 모시고 지금까지 지내오면서 언젠가 이런 때가 오리라 생각했지만, 의사에게 직접 들으니 당혹스러웠다. 언제까지나 건강하실 거라고 안일하게 생각했는데 걱정이 태산이다. 이제 어떻게 해야 하는가?

가족들에게 보내는 연말 편지

또 한 해를 떠나보내야 하는 시간이 다가오고 있다. 보내고 떠난다는 것은 대체로 이별, 슬픔, 외로움 등으로 표현할 수도 있는데, 그렇지 않고 반대로 생각할 수는 없는 것일까? 그렇다, 보내고 떠나는 것을 다르게 생각해 보자. 봄, 분홍색, 결과에 만족, 미래를 향하는 희망이라고 생각하는 것은 본인이 마음먹기에 따라 달라질 수 있다고 생각한다. 1년 보내며 우리나라 대학교수 1,000명을 대상으로 조사해 결정된 올해의 사자성어는 파사현정(破邪顯正:사악한 것을 부수고, 바른 것을 드러낸다)이고, 영국 옥스퍼드 사전은 Youthquake(Youth + Earthquake)를 올해의 단어로 선정했다. Youthquake는 [젊은이들의 행동 및 영향력으로 문화·정치 및 사회적으로 일어난 중요한 변화]로 해석된다. 그만큼 우리 젊은 사람들이 생각을 바꾸면 나를(우리를, 세상을) 바꿀 수 있다고 생각한다.

생각을 다르게 하면 같은 사물이라도 완전히 다른 모습으로 충분히 보일 수 있다. 같은 일을 하면서도 완전히 다른 모습으로 충분히 보일 수 있다는 말이다. 같은 일을 하면서도 승자와 패자가 나뉘고, 불리한 사람이 있으면 유리한 사람이 있고, 찬성하는 쪽과 반대하는 사람이 분명히 있다. 지금, 이 글을 읽고 있는 사람들은 이제 막 사회에 발을 내딛는 젊은 사람들이므로, 생각을 어떻게 하는가에 따라서 장래가 완전히 달라질 수 있다고 확신한다. 현재 상황이 어떤가가 중요한 것이 아니고 내일의 모습을 더 신경 쓰는 사람이 현명한 사람이지 않을까? "머릿속으로 자신이 바라는 것을 생생하게 그리면 온몸의 세포가 모두 그 목적을 달성하는 방향으로 조절된다(아리스토텔레스)"라고 한다. 사랑이란 내가 원하는 것보다 상대방이 원하는 것을 먼저 해주는 것이라고 한다.

사랑하는 내 가족도 한 해를 보내면서 많은 생각을 하고 있겠지? 우리 가족 모두가 생각하고 있는 모든 것이 술술 이루어지는 2018년(무술년)이 되기를 희망한다.

바라고, 소망합니다

어머니 모시고 2년

어머니께서 극구 혼자 사신다고 하시는 것을 억지로 옥천에 모시고 와서 산 지 벌써 2년이 넘었다. 2020년 추석이 코 앞일 때 병원서 퇴원해 옥천으로 모시고 왔으니 이제 막 2년이 지난 셈이다. 어머니께서 옥천으로 오신 후 얼마 동안은 아버지와 생전에 같이 사시던 대전 동구 오동(안골)로 가서 혼자 사시겠다고 하신 적이 있었으나 이제는 그곳으로 가시겠다고 말씀하시지 않는다.

옥천으로 오시고 불편한 점이 많이 있으리라 미루어 짐작된다. 그중 첫째는 아들의 잔소리일 것이다, 식사량이 적어서 큰일이네요, 허리를 곧게 펴세요, 며느리 살림살이에 관여하지 않으시면 좋겠어요, 쓰다남은 휴지는 재사용하지 마시고 휴지통에 버리세요, 걷기 운동하세요, 등 이것저것 잔소리를 해댄다. 이렇게 말씀드리는 것은 나름대로 계획적이라고 해도 과언은 아니다. 내가 의사는 아니지만, 노년에 나이를 먹을수록 기억력은 감퇴하고, 행동은 둔화하고, 지각 능력도 떨어질 것이니 이러한 상황들을 최대한 방지하기 위해 어머니를 볶아대는 것이다. 일종의 메기 이론이라고 할까? 이렇게 내 나름 선의의 잔소리를 하고 나면 한편 죄송하다. 어머니의 연세가 벌써 90대 중반을 향해 자동차 속도 90킬로미터로 달려가고 있는데 언제까지 이렇게 할 수 있을까? 시간이 점점 짧아지는 것이 자명한 사실이다. 이제는 어머니께 최선을 다해 잘해드리고 싶다. 오늘, 이 시각 어머니의 희망은 무엇일까?

조금 달라진 것이 있다면, 어머니로 인해 우리 4남매는 더 자주 통화하게 되고 지난 2년의 동안 정을 더 돈독히 하는 기회가 됐다. 내가 어머니를 모시고 있기에 어머니의 일거수일투족을 누나와 동생들에게 보고해야 하는 의무 아닌 의무를 다하는 것이다.

어머니, 메기에게 쫓기는 물고기처럼 더 건강하세요.

무릎팍 도사

상병이 며칠 남지 않은 아들에게!

전에는 이틀이 멀다고 전화해 오더니만 이제는 한 달에 한 번 아들의 목소리를 듣게 되니 약간은 서운한 감정이 없지 않구나.

물론 업무에 시달려 바쁘기 때문에 전화하지 못했을 것이라는 생각은 한다만, 그래도 그렇지….

여기까지 읽어 내려가면서 아들은 이런 생각을 하겠지.
1) 아! 그렇구나! 앞으로 자주 전화를 해야지
2) 아빠, 엄마도 편지를 하지 않으면서 아들한테만 전화하라고 하시네
3) 무소식이 희소식이니 그렇게 알고 계세요
4) 고참이 되면 자주 하던 전화도 안 하는 겁니다. 등 여러 가지를 생각하겠지.

어찌하였든 며칠 전 전화 목소리를 들으니 매우 반갑더구나.

날씨가 상당히 덥구나. 너의 집은 산속에 있으니, 도회지보다는 다소 덜 덥겠지만 그래도 여름은 여름이므로 힘든 상황이겠구나. 그러나, 군인이기에 잘 견뎌 내리라 생각한다. 특히 나의 아들이기에 잘 참아 내리라 이 아빠는 확신한단다.

전화상으로 건너오는 목소리가 밝고 맑은 것으로 보아서는 건강에는 문제가 없는 것 같고, 뭐가 문제일까? 관상을 보고 점을 쳐 보니 통장의 잔고가 부족하여 문제가 되는 것 같구나. 아빠의 무릎팍 도사 실력이 맞지? 필요하면 엄마에게 전화하면 엄마는 징징거리면서도 잘 보내주니 그렇게 해 봐라. ㅎㅎ

요즘 아빠는 상당히 바쁘단다. 메뚜기도 한철이라는 말이 있듯이 전자제품 중에서 여름에는 선풍기, 에어컨이 제철이므로 상당히 많이 팔려서 매출실적도 올라가고 있고 시간이 지나가면서 내부 시스템도 안정화가 되어가고 있단다. 단지 옥천에 들어와 영업하면서 옥천 사람들을 빨리 그리고 많이 알아야 하는데 그것이 쉽지는 않구나. 열심히 노력하고는 있지만 사람을 만나서 이야기를 해도 저 사람이 내 편인지 아닌지를 파악하고 관리하는 게 쉽지는 않구나. 의사, 동네 이장님, 친구의 친구… 나중을 위해서 씨앗을 열심히 뿌리고 있단다. 언젠가는 싹이 나고 꽃이 피고 열매가 맺어지겠지. 그때를 위해 오늘도 땀 흘리면서 열심히 뛰고 있단다.

아들! 이제 군 생활의 반 정도는 한 것 같구나. 09년 9월에 입대했으니 며칠 후면 11개월째가 되는구나. 후임병도 들어오고 머지않아 상병으로 진급도 하고… 꽃 피고 새가 우는 시절만 남았구나. 좀 더 열심히 하다 보면 추워지는 계절이 오고 오줌 누고 돌아서면 얼어붙는 추위 한 번만 지나가면 전역이구나. 국방부 시계는 거꾸로 매달아 놓아도 돌아간다는 진리를 알고 맡은 임무에 충실히 하거라. 군 생활 잘하는 방법 알지?

8월 5일(옥천 장날) 새벽에 아들을 사랑하는 아빠가

나의 형이
되어주실래요?

　나는 친형이 없다. 직장 생활할 때도 그랬고 예나 지금이나 동네 웃어른들께 통상적으로 형님이라 호칭하며 살아가고 있다. 맏이로 살아오다 보니 형이 있었으면 하는 생각을 가끔 하게 된다. 물론 누나 여동생 그리고 남동생이 들으면 서운할지 모르겠지만 형은 또 다른 면이 있다. 집안 대소사가 있으면 누나 그리고 동생들과 긴히 상의하는 편인데 그때마다 누나는 큰동생이 알아서 하라고 하고 동생들은 나에게 결정권을 넘기는 경우가 많다. 책임은 나에게 있다. 그럴 때마다 나도 형이 있어서 함께 상의하고 의지하고 결정권을 넘기고 싶을 때가 왕왕 있다.

　나이 60대 중반이 된 나에게도 어려움이 있고 외로울 때가 있다. 이럴 때 기대고 싶은 사람이 필요한 것이다. 나의 마음을 몇 갈래로 나눈다고 하면 그중 한 곳이 형의 자리가 항시 비어있다. 채울 방법이 없다. 누군가가 나의 형이 되어서 그 자리를 채워주었으면 하는 기대를 해본다. 내가 살고 있는 동네에 저분이 나의 형이었다면 하는 생각을 해본 적이 있다. 물론 아직 그분께 나의 형이 되어주십사 정식으로 부탁드린 적은 없지만, 언젠가부터 나의 마음 한구석에는 그분을 나의 형으로 생각하고 있다. 짝사랑인 것이 분명하지만 마음은 이미 그렇게 결정하고 있다. 가끔 속에 있는 이야기를 하면 잘 받아주신다. 살아가면서 고락이 함께 공존한다. 하지만 나에게는 어려운 일보다 즐거운 일이 더 많이 있다. 나의 즐거운 일이 있을 때 같이 즐거워해 주고 어려움이 있을 때 반으로 나눠주는 형을 만들어야겠다. 누군가가 나서서 나의 형이 되어주겠다고 자청하는 사람은 없었다. 앞으로도 없을 것이다.

지금까지도 그랬듯이…. 그러니 내가 나서서 형을 모셔야겠다. 그러기 위해서는 나의 자세나 형편을 바로 하고 때를 기다릴 수밖에 없다. 모든 면에서 지금보다 더 나은 내가 되어야만 그분이 응해주지 않을까 생각한다.

그 사람
술 마실 줄 아나?

　많은 사람은 자신이 생각하며 알고 있는 바가 옳으며 정답이라고 주장하는 경우가 잦다. 물론 산수와 같이 답이 분명하게 나와 있는 사항은 예외로 두자. 하지만 가끔은 본인 생각과 다르다는 이유로 별것 아닌 사안을 가지고 싸움이 일어나는 일을 본 적이 있다. 그만큼 자기 멋대로 산다. 또, 본인이 좋아하는 것을 다른 사람도 좋아할 것이라는 착각에 빠지기도 한다. 도를 넘어 내가 좋아하는 것을 상대방도 좋아하길 바라거나 권유, 강요하는 때도 있다. 예를 들어보면 내가 좋아하는 옷의 색깔을 하늘색이라고 가정하고 다른 어떤 사람들이 하늘색 계통의 옷을 입었다면 '옷 잘 입었네', '그 사람 보는 눈이 있네', '패션 감각이 뛰어나다'라는 등 호의적으로 판단하게 유도하는 것 말이다. 비싼 옷을 입었다고 하더라도 내가 선호하는 색깔이나 디자인이 아니라면 자기 눈에 곱게 보일 리 없다.

　제 눈에 안경이라고나 할까? 나도 마찬가지이다. 나는 식사 자리에서 반주하는 경우가 많은 편이다. 술을 마시는 것은 전적으로 개인의 취향이라고 생각한다. 하지만 경우에 따라선 내가 좋아하기에 상대방도 좋아하겠다고 생각해 권유하는 때도 있다. 권유가 아니라 강요라고 하는 게 적절할 것 같다.

나는 두 번씩이나 아주 중요한 남자를 만나서 나의 사람으로 만들었다. 만나서 이야기하는 동안에 농담 반 진담 반으로 혹시 술을 마실 줄 아느냐고 물었다. 중요한 자리이기에 내가 묻는 말에 요지를 파악하고 긍정적인 대답을 해왔다. "네 술 좀 마실 줄 압니다" 내가 원하는 대답이었다. 점수를 매긴다고 하면 가점을 주고 싶었다. 그래서 그 사람과는 영원히 뗄 수가 없는 친구이자 가족이 되었다. 가끔 보고 싶을 때 만나서 세상 살아가는 이야기와 함께 식사도 하고 술을 마시기도 한다. 물론 특별한 관계이고 연령상으로도 한 세대의 차이가 나다 보니 대화의 폭은 한정적이라고나 할까 매우 조심스럽다. 그 사람들은 나의 사위들이다.

나 말고도 사윗감을 만나면서 술 마실 줄 아느냐고 묻는 장인도 있을 것이다. 하지만 그것이 사위로 결정하는 데 결정적인 역할을 하는 것은 아니다. 다만 내가 좋아하는 것을 같이 좋아한다면 금상첨화 아닐까 생각한다. 딸이 결혼한다기에 아주 가볍게 "그 사람 술 마실 줄 아나?" 물어보았다. 그 비밀이 감쪽같이 새어 나가서 사윗감에게 전달되어 사전 훈련을 받고 나왔으니 대답은 뻔했다. 그렇게 딸 둘이 모두 결혼했다. 사위 하나는 나와 같이 술을 좋아하기도 하고 멀지 않은 지역에 살고 있어서 가끔 만나는 편이다. 하나는 물리적으로 멀리서 살기에 자주 만날 기회도 적고 아직 신혼이기에 장인의 발톱을 보여줄 단계는 아닌듯하다. 하지만 그는 그다지 술을 좋아하지 않는 것 같다. 처음 만나는 자리에서 술 못 마신다고 하면 점수가 깎일까 봐 다소간에 거짓말을 한 것 같다.

"이제는 한 가족이 되었으니 못 마시면 못 마신다고 이야기하시게나. 그래도 되네. 마시지 못하는 술 마시다가 탈 나지 말고"

아쉬움이 남아서 한마디만 더 한다면 사위 둘과 내가 한 상에 앉아서 술 마실 기회가 자주 있었으면 좋겠다. 두 사람 모두 내 사위가 되어 주어서 고맙네.

할아버지 할머니
100번 찾아뵙기

세 아이에게 목표를 주었다. 조부모께서 살아계실 때 100번 이상 찾아뵙도록 하자는 것이다. 요즈음은 평균수명이 길어져 100세까지 사시는 분들이 많이 있으니 그 손주들이 100번 찾아뵙는 건 어려운 문제가 아니라 생각한다. 하지만 할아버지 할머니와 주거를 달리하는 상황이라고 하면 쉽지 않은 목표일 수 있다. 내가 아이들에게 목표를 준 시기는 아이들이 20대 초중반이었고 그 아이들의 할아버지 할머니께서는 80세 정도 되었던 것 같다. 계산상으로 따보자. 100번을 뵈려고 하면 빠지지 않고 한 달에 한 번씩 뵌다고 하더라도 8~9년, 어쩌다 한 번씩 빠진다고 하면 족히 10년은 되어야 한다. 그러다 보면 할아버지 할머니는 90세가 되셨을 텐데 쉽지 않은 목표다. 직장 생활하는 아이도 있고 아직 학생 신분인 아이들이기에 쉽지 않은 목표라고 해야 할 것이다. 아니 쉽지 않은 목표라는 말보다 상당히 어려운 목표라고 해야 맞을 것 같다. 정확하게 한 달에 한 번씩 뵈라는 주문은 아니었고 내 생각은 시간을 내서 자주 찾아뵈라는 이야기였다. 다행히도 아이들은 거역하지 않고 할아버지 할머니를 자주 찾아 뵙고 있었고 부득이 찾아가지 못할 상황이라면 전화라도 드리는 예의를 갖추었다. 통신 기술의 발달과 생활양식의 변화로 휴대전화를 항시 소지하고 있으니 그리 어려운 일은 아닐 테다.

할아버지 할머니를 찾아뵙는 것을 즐겨 하는 아이도 있었다. 큰아이는 어렸을 때 할아버지 할머니께서 키워주신 애틋한 정이 있어서 잘 따른다. 찾아뵐 때마다 슬그머니 뒤로 쥐여주시는 용돈이 지속해 찾아 뵙게 하는 기폭제가 되었을 수도 있다. 아버지께서 하늘나라로 가신지가 4년여가 되었고 아이들이 각자 결혼해 가정을 꾸리고 살고 있다. 이제는 찾아뵐 할아버지가 계시지 않았다. 물론 할머니께서 계시니 방문과 안부 전하기는 꾸준히 하고 있다. 귀여움을 많이 떨던 막내 손녀가 결혼해서 인천에서 살고 있다. 그렇다 보니 이제는 손녀가 할머니께 인사를 전하는 것이 아니라 할머니께서 손녀에게 안부 전화를 더 자주 하는 것 같다. 자연스레 만나고 전화하는 횟수가 손에 꼽을 정도가 됐다. 이제 와서 생각해 본다. 아빠의 기준에 맞추어 설정된 100번 뵙기에 할아버지 할머니를 의무적으로 찾아뵈어야 했던 아이들은 괴로웠을 수도 있겠다. 보수적이고 봉건적인 아빠의 욕심이 과했을 수도 있다. 하지만 한 가정을 건강하게 유지하고 행복한 가정을 꾸리기 위해서는 필요한 조치라고 생각한다. 나의 어머니께서 연세가 아흔다섯 살 되시니, 앞으로 손주들이 찾아뵙는 횟수가 몇 번이나 될까 가늠해 본다. 안타까운 현실이다.

아내의 소박한 꿈

아내의 소박한 꿈을 꼭 이루어 주고 싶다. 꼭 그렇게 하리라. 하지만 지금은 때가 아니니 조금 더 뒤에 실현할 것이다. 천주교 황창연 신부가 있다. 꽤 유명한 분이다. 유튜브에서 강연하는데 천주교 중·노년 신자들에게 아이돌 스타급 강사라고 한다. 나도 황창연 신부의 강연을 유튜브로 몇 번 본 적 있는데 상당히 현실적이고 마음에 와닿은 내용이 많았다. 국내는 물론 해외 봉사활동도 활발하게 하는 황창연 신부의 강의를 들으면 '나중에'라는 말이 자주 나온다. '나중에'라는 말은 있을 수 없고 '지금'을 강조한다. 어떤 것이든 계획된 것이 있으면 즉시 실행하자. 계획을 나중에 하겠다고 하는 것은 안 하겠다는 말과 같다는 게 그의 설명이다.

나는 현재 단독주택에 살고 있다. 실제 대지는 넓지 않지만 1, 2층 합하여 건평이 50평이 넘으니 넓은 집이라고 생각한다. 집 뒤쪽에는 장독대가 있고 앞마당 한편에는 포도나무, 고추, 상추를 심은 텃밭이 있다. 다른 쪽에는 아내의 취미생활 공간인 꽃밭이 있다. 수국, 장미, 에키나시아, 패랭이, 원추리, 매발톱, 배합, 카네이션, 철쭉, 코스모스… 이름도 모르는 크고 작은 꽃들이 즐비하다. 꽃이 왕성하게 피는 5, 6월에는 집을 빛낼 정도이다. 담장과 길에 장미와 수국이 만발해 어우러진 모습이 장관이다. 하지만 꽃밭이라기엔 아쉬운 구석이 있다. 아내의 소박한 꿈은 지금보다 넓은 곳에서 사시사철 꽃을 가꾸는 것이다. 현재 읍내 중심에 있는 조용한 주택단지에 살고 있는데 아내의 꿈을 이루어 주기 위해서는 외곽으로 나가야 가능할 것 같다. 그러다 보니 '나중에'라는 말을 하게 된다. 황창연 신부의 강연 내용대로 '나중'으로 미루지 말고 오늘부터라도 서둘러야겠다. 언제가 될지 장담할 수 없지만 가까운 미래에 아내의 소박한 꿈을 이뤄줄 것이다. 꼭!

바라고, 소망합니다

요즈음 행복합니다

아버지께서 세상을 떠나시고 어머니를 옥천으로 모시고 온 지 벌써 2년이 다 되어간다. 시간이 참 빠르게 지나간다. 연세가 있으셔서 이곳저곳 아프다고 하시는 곳이 점점 많아진다. 횟수도 잦아진다. 어느 날은 다리가 아프다가 어떤 날은 어깨가 아프고, 또 다른 날은 배가, 갈비뼈가 아프다고 한다. 오죽 편치 않으시면 아들에게 이야기하시겠냐마는 내가 대신 아파해 드릴 수도 없고, 할 수 있는 일이라면 그저 안부를 묻고 병원에 모시고 가는 정도이다. 어느 날은 자정에, 또 다른 날에는 새벽 3시에 어머니의 신음에 잠이 깨 방을 살며시 들여다보면 잠을 못 주무시고 고통스러워하신다. 어떻게 해야 하나? 불을 켜고 아프신 곳을 여쭙고, 다리가 아프다고 하면 소염진통제를 발라 드리는 것이 전부다. 나는 이 이상 어떻게 해야 하는 걸까? 심하게 아프신 날은 병원에 입원시켜달라고 하신다. 그러면 이런저런 핑계를 대면서 넘어간다.

남은 인생에 어머니를 모시고 살날이 며칠이나 될까? 생각해 보면 지금 하는 정도론 안 될 것 같다. 매일 업고라도 다녀야 할 판이다. 요즘 아내에겐 조금 미안한 말이지만 어머니를 모시고 지내는 것이 행복하다. 앞으로 몇 년 더 모시고 살 수 있을까? 인간의 수명은 유한한 것이기에 언젠가는 내 곁을 떠나실 텐데…. 어머니께서 입버릇처럼 자주 하시는 말씀이 "자다가 너의 아버지 옆으로 갔으면 좋겠다"이다. 비록 새벽 3시에 깨는 한이 있더라도 이러한 시간이 더 오래였으면 좋겠다. 나는 이 시간이 행복하다.

오늘도 무해한 순간을 씁니다

10년간 쌓은 메모, 나와 가족의 이야기

발행일 2024년 6월 10일
저자 정완영
펴낸곳 도서출판 고래실(043-731-8114)
등록번호 2017년 3월 23일 제2017-000001호
주소 충북 옥천군 옥천읍 삼금로1길 10
전화 043-731-8114
전자우편 gorasil2017@gmail.com

ISBN 979-11-987840-0-1 (03300)
값 15,000원

이 책은 저작권법에 따라 보호받는 저작물이므로
무단 전재와 복제를 금합니다.